KB200811

삶을 디자인하는 선택

규장

당신은 어떤 선택을 하며 살고 있습니까?

사람은 스스로가 하나님처럼 될 수 없다는 것을 압니다. 그럼에도 하나님처럼 되기를 끝없이 시도합니다. 생각 속에서, 감정 속에서 하나님을 만듭니다. 자신의 의도와 감정대로 하나님을 창조하려 합니다. 하나님을 부리려는 시도까지 서슴지 않습니다. 마치 알라딘이 마술램프의 요정을 부리듯이 말입니다.

첫 사람 아담과 하와가 선택했던 선악과는 지금도 마녀의 독사과와 같이 죄를 우리의 생각과 감정과 행동 속에 퍼트려 중독으로 이끕니다. 금지된 선악과를 따 먹기로 한 선택은 의혹과 회의와 끝없는 판단으로, 주어진 자신의 삶을 제대로 누리지 못하게 합니다. 삶은 가시덤불과 엉겅퀴처럼 나를 찌르고 아픔을 줍니다.

선과 악을 판단하는 것은 하나님의 영역입니다. 그럼에도 사람은 자신뿐 아니라 다른 사람, 하나님까지도 판단하려 합니다. 한 치 앞도 분간할 수 없는 존재임에도 말입니다. 내 몸 어디에 어떤 이상이 생겼기에 이런 아픔이 가시처럼 나를 찌르는지, 내 인생의 문제는 왜 이렇게 꼬이고 또 꼬이는지, 내 마음에는 왜 분노가 끝없이 불타오르는지 알 수 없으면서 말입니다.

그럼에도 모든 것을 다 아는 것처럼 나와 내 인생까지 판단합니다. 자신이 진 십자가가 가장 무겁다고 원망합니다. 왜곡된 판단은 끝없이 회피하게 합니다. '내가 이렇게 된 것은 하나님이 주신 너 때문'이라며 하나님까지 아울러 '너'에게 책임을 전가합니다.

사람은 선악과를 만들 수 없습니다. 사람에게 허락된 범위는 선악과를 따 먹을 것인지, 따 먹지 않을 것인지를 선택하는 데까지입니다. 하와를 꾀던 사탄은 지금도 인간의 주변을 맴돕니다. 사탄의 끊임없는 시도는 하나님처럼 되고자 함입니다. 선악을 판단할 권리를 가지려는 것이지요. 그러나 그는 그럴 수 없습니다. 사탄은 자신의 뜻대로 사람이 선악과를 따 먹도록 유혹할 수 있습니다. 하지만 그 유혹을 거부할 것인지 응할 것인지의 선택은 '나'에게 달려 있습니다.

'선택'은 삶의 방향을 결정합니다. 인생이 왜 이렇게 아픈지, 왜 이렇게 힘이 드는지, 지나온 길이 너무 험했다고, 오늘이 너무 숨가쁘다고, 내일의 소망도 없다고 말하는 사람들이 많습니다. 삶에 지쳐 사는 게 너무 힘들어졌다면 잠시 멈추어 서서 도망자 야곱의 베개 같은 돌 위에서든, 지친 엘리야의 로뎀나무 아래서든 잠시 쉬어 가기로 합시다. 인생길에서 내가 선택했던 것들을 돌아보아도 좋을 것 같습니다.

우리는 인생이 순간의 선택들로 이어져 있다는 것에 둔감합니다. 내 삶의 패턴이 내 생각, 내 감정, 내 행동에 대한 선택의 결과이며, 앞으로의 선택에 따라 내 삶이 달라질 수 있다는 것에 신경을 쓰지 않습니다. 내 삶은 그저 나에게 주어진 운명을 따를 뿐이라고 주장한다면 그 삶은 비극으로 끝날 것입니다. 운명은 삶을 책임지지 않기 때문입니다. 그러나 운명을 바꿀 선택이 아직 우리에게 남겨져 있습니다. 나는 이 책에서 우리의 남겨진 선택을 격려하고 싶습니다. 우리의 선택에 지혜와 평강이 있기를.

오인숙

#1

정체성에 대한 선택

누구로 살아갈 것인가?

어느 철학자가 공원에 앉아

'나는 누구인가?'에 대해 생각했답니다.

하지만 아무리 생각해도

답이 나오지 않아 고민하고 있었지요.

어느덧 해가 지고 공원에 어둠이 깔리기 시작했습니다.

공원지기가 철학자에게 다가와

공원 문을 닫아야겠으니 나가달라고 했습니다.

그가 선뜻 일어나지 않자

답답하다는 듯 공원지기가 물었습니다.

"당신은 대체 누구요?"

그러자 철학자는 천천히 고개를 들어 공원지기를 보더니
"내가 그걸 알면 이러고 앉아 있었겠소?"라며
일어섰다고 합니다.

철학자가 아니더라도,
삶의 분주한 톱니바퀴를 정신없이 도느라
의식하지 못하더라도,
사람은 누구나 '내가 누구인가?'를
끝없이 묻고 대답해 나갑니다.
과거의 내가 '나'인가?
현재의 내가 '나'인가?
미래의 내가 '나'인가?
과거와 현재의 '나'를 통해 미래의 '나'를 찾으려 합니다.
마땅히 되어야 한다고 생각하는
'나'를 찾으려는 것이지요.
그걸 알아야 '누구로 살아갈 것인가?'에 대한 답을
찾을 수 있기 때문이 아닐까요?

우리가 그 답을 찾지 못한다면
아마 일생 동안 삶의 목적을 찾지 못한 채
그저 누군가의 뜻대로 '나'를 살아갈 것입니다.

내 삶을 남이 원하는 목적이나 의미로 살아가다
어느 날 갑자기
'나는 누구지?'
'이렇게 살아가고 있는 내가 나인가?'
회의에 빠지게 될지도 모릅니다.
잘 나가던 의사가 갑자기
'이건 내가 아니야' 하면서
자장면 배달통을 들고 다닌다는 이야기나
잘 다니던 회사에 사표를 내고
'나를 찾아 떠나는 여행자'가 된다거나
유실된 정체성을 찾아나선 사람들의 이야기가
심심찮게 들려옵니다.
우리도 어느 날 지금의 자리를 박차고 일어나
주위 사람들이 쉽게 말하는
'미친 짓'을 하게 될지도 모릅니다.

모세는 '누구로 살아갈 것인가?'의 선택에
진통을 겪었습니다.
선택의 길에서 그는 자신이
누구인지를 먼저 알아야 했습니다.
모세는 하나님께 두 가지를 질문했습니다.

첫 번째 질문은 이것이었습니다.
"저는 누구입니까?"
사람들은 자기 자신을 너무나 잘 안다고 생각합니다.
그래서 자신이 누구인지 모르겠다는 모세의 물음에
'뭐야?' 하는 반응을 보일 수도 있습니다.
과연 우리는 자신을 잘 알고 있을까요?
오늘 아침에 왜 그렇게 만사가 짜증스러웠는지,
왜 그렇게 갑자기 나의 삶이 우울해졌는지,
왜 그렇게 어디론가 떠나고 싶었는지,
툭하면 '내 마음 나도 모르겠다'라고 말하는
우리가 말입니다.
그에 비하면 모세의 질문은 정직한 게 아닐까요?

두 번째로 모세는 하나님께 당돌하게 물었습니다.
"당신의 이름은 무엇입니까?"
이는 '내게 도망 나온 애굽으로 다시 가라는
당신은 누구십니까?
내 삶을 주관하려는 당신은 도대체 누구십니까?'라고
물은 것입니다.
우리는 때로 누군가가
내 삶에 개입하길 원한다는 느낌을 받습니다.

"당신은 대체 누구요?"

"내가 그걸 알면 이러고 앉아 있었겠소?"

대개 그것을 거절하지만 말입니다.
모세의 질문에 하나님은 '스스로 있는 자'라고
대답하셨습니다.
그 누구에게도 창조된 바 없는,
스스로 계신 창조주시라는 것입니다.
그 대답은 모세의 두 가지 질문 모두에 답을 주었습니다.
하나님은 나를 지으신 창조주이시고
나는 그분의 피조물이라는 것입니다.
'누구로 살아갈 것인가?'를 인도할 존재자라는 것입니다.
사람의 자아 정체인 '나'를 아는 것은
자신을 지으신 창조주를 아는 데서 출발해야 했습니다.

자기 자신과 하나님에 대한 신뢰가 부족했던
모세는 당황했습니다.
현재의 그는
'애굽인에도 끼지 못하고
히브리인에게도 배척 받는 나'에 대해 갈등하는
정체성의 혼란에 빠져 있었습니다.
그저 이방의 양치기가 '나'라고 생각하며 살고 있었습니다.
그는 혼돈과 삶의 공허감에 빠져 있었습니다.
그런 그에게 하나님이 찾아오셨고

모세의 질문에 답하셨던 거지요.
만약 누군가 우리에게 "너는 누구냐?"라고 묻는다면
어떻게 대답하겠습니까?
"나는 가장이다."
"나는 교사다."
우리는 우리의 직책이나 위치를 '나'라고 대답하기도 합니다.
아니면 '나'의 정체에 아무 의혹도 없이 살았던 것에
새삼 놀랄지도 모릅니다.
갑자기 삶의 목표와 가치에 대해 회의를 갖고
자신을 찾을 방법을 탐색하려 할지도 모르겠군요.
그러나 많은 사람들이 자신 찾기를 유예시키고
불안정한 삶을 살아갑니다.
현재 자신의 굴레를 벗기에는
너무 많은 두려움이 있기 때문이지요.

하나님은 모세에게 본연의 '나'를 알게 하셨습니다.
모세는 자신의 정체를 두고
'의심'과 '믿음' 중에 선택해야 했습니다.
내 뜻대로 산다고 생각했던 '나'가
하나님께 예속된 삶을 살아가는 것은
내 삶의 신실한 인도자이신

그분을 믿음으로써만 가능합니다.
모세는 믿음을 선택했고,
그것은 하나님의 자녀로 살아가겠다는 약속이었습니다.

우리는 '누구로 살아갈 것인가?'의 선택이
자신에게 있음을 방관하거나 의심합니다.
자신을 환경이나 운명에 끌려다니는 사람으로
방치하기도 하고
자신의 뜻대로 살아보겠다고 안간힘을 쓰기도 합니다.
내 삶을 남에게 귀속시켜 '나'를 잃고 살아가기도 합니다.
모세의 '나' 찾기는
하나님을 알고 그분을 따라 홍해를 가르는 삶의
시작이었습니다.

#2

실패를 극복하는 선택

빈 그물을 내려놓을 때

우리는 실패의 시대를 살고 있는지도 모릅니다.

'나는 왜 하는 일마다 실패하는 걸까?'

실패의 허탈과 피로로 우리는 지쳐 있습니다.

반복되는 실패는 삶을 무기력하게 합니다.

'그래, 나는 할 수 없어.'

'내 인생에는 실패뿐이야.'

실패는 원치 않아도 반복적으로 학습되고

후에는 학습된 무기력에 빠져

실패를 떨치고 일어설 수 없게 됩니다.

실패에 대한 두려움은 또 다른 실패를 낳습니다.

우리는 '인생'이라는 바다에 수없이 그물을 던집니다.
그러나 원하는 것을 건지기보다
실패를 건질 때가 더 많습니다.
우리는 무엇이든 열심히 하면 된다고 배웠습니다.
그래서 '나는 할 수 있다'라고 생각했습니다.
그러나 실패는 반복되고
나의 삶 자체가 실패라는 생각에
더 이상 아무것도 하기 싫어졌는지도 모릅니다.

밤새 그물질을 했지만 두 손에 잡은 것이 없는
어부들이 있었습니다.
그들은 빈 그물을 건지며
피곤과 허탈에 주저앉고 싶었을 것입니다.
소득 없이 지친 우리의 어느 날처럼 말입니다.
그 바닷가의 어부들은
자신이 열심히 살고 있는 사람이라고 생각했습니다.
그들에게는 수없이 반복했던
경험과 기술이 있었습니다.
팔이 빠지도록 열심히 그물질도 했습니다.
날마다 서류 가방을 들고 출근하고
밥 먹듯 야근을 하는 우리처럼 말입니다.

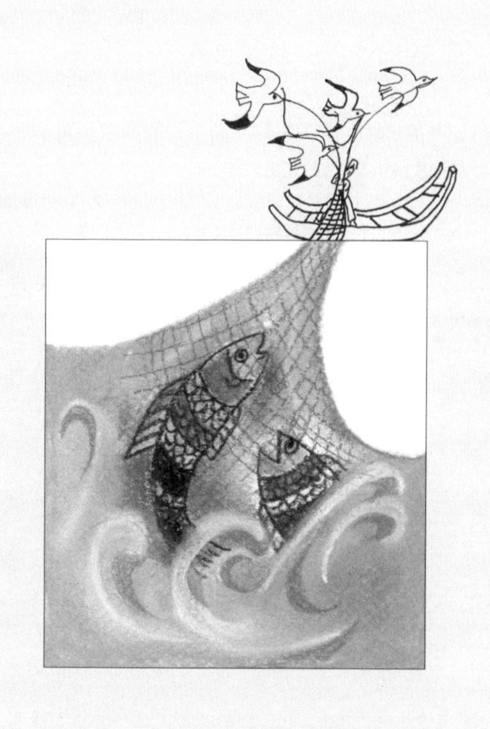

이 세상에는 완벽한 성공을 이룬 사람도 없고
완전히 실패한 사람도 없지 않을까요?

어깨가 축 처진 우리가
문득 '내가 지금 뭐하고 있는 거지?'
삶에 회의를 느끼듯
그들도 회의와 낙심에 빠졌습니다.
우리는 누군가에게 실패와 회의의 삶을
격려 받고 싶어 합니다.
"그래도 잘 했어."
"괜찮아, 참 수고했어."
그런데 실패를 비웃을 사람들이 먼저 떠오른다면
'내가 하는 일이 다 그렇지 뭐. 다 내 잘못이지'
자책하며 고개를 숙여버릴지도 모르겠군요.
실패를 격려해줄 사람이 우리 곁에 있다면
얼마나 좋겠습니까?

실패한 어부들이 좌절한 그 자리에
예기치 못한 한 분이 계셨습니다.
그분은 실패한 사람들을 바라보고 계셨습니다.
우리가 실패로 좌절하고 있을 때,
모두가 우리에게서 등을 돌린 그때,
그분은 잠잠히 실패한 어부들 곁에
그리고 실패한 우리 곁에 계셨습니다.

시몬은 그분이 예수님이시라는 것을 알았습니다.
선주인 시몬에게 그분이 말씀하셨습니다.
"깊은 데로 가서 그물을 내려 고기를 잡으라."
평생 그물질을 해온 노련한 어부인 시몬이 대답했지요.
"우리가 밤이 새도록 수고하였지만 잡은 것이 없습니다."
스스로 어부로서는 부족함이 없다고 자부했기에
실패가 쓰디쓰기만 했던 그 어부는
선택해야 했습니다.
실패의 빈 그물질을 계속할 것인가,
더 깊은 곳으로 가서 그물을 내려 고기를 잡을 것인가?
그는 말씀을 따라 깊은 곳으로 가서
그물을 내렸습니다.

그물을 내리는 순간, 의심이 놀라 굴러 떨어졌습니다.
텅 비었던 빈 그물에 넘치도록 활기차게 펄떡이는 고기들.
그는 흥분하여 다른 배의 친구들을 불렀습니다.
엄청난 고기 떼로 두 배가 물에 잠길 정도가 되었습니다.
사실 우리가 바라는 기적이 이런 것 아닐까요?
우리라면 이 상황에 어떤 반응을 보였을까요?
시몬은 예수님의 무릎 아래 납작 엎드려 고백했습니다.
"주여, 나를 떠나소서. 나는 죄인입니다."

자신이 고백한 '죄인'이 '은혜 받은 사람'이라는 것을
그는 아직 몰랐습니다.
베드로는 자신의 삶에 익숙한 사람이었지만
실패가 은혜의 기회가 될 수 있다는 것을 알지는 못했습니다.
실패가 더 좋은 인생의 계획을 가지고
접근했다는 것을 몰랐던 거지요.

우리가 실패의 자리에 있다면
실패에 대한 생각을 먼저 바꿀 필요가 있지 않을까요?
실패는 실패를 인정하는 사람에게만
힘을 쓸 수 있기 때문입니다.
실패는 하나의 일에 대한 평가이지
우리 자신이 실패자라는 의미는 아니지요.
'나는 실패자다. 나는 끝났다'라는 생각이 듭니까?
실패는 아직 시작해보지 않은 것이 있음을 의미하는 것이지
끝났음을 의미하는 것은 아닙니다.
실패는 내가 패배한 자로 물러서야 한다는 게 아니라
더 좋은 선택의 길을 재촉 받고 있다는
의미이기도 합니다.
우리의 실패에도 하나님의 계획이 있는 걸까요?

시몬은 물고기를 낚는 삶에서

사람을 낚는 삶을 살도록 선택받았습니다.

이 세상에는 완벽한 성공을 이룬 사람도 없고

완전히 실패한 사람도 없지 않을까요?

방향성을 잃고 흔들리는 갈대 같은

실패의 삶을 살던 시몬이

든든한 반석 같은 존재의 베드로로 선택받은 것은

무엇 때문이었을까요?

완벽한 기술과 경험을 가졌기 때문도,

그가 성공했기 때문도 아니잖습니까?

오히려 실패한 사람이었기 때문입니다.

실패해보지 않은 사람은

자신의 나약함과 부족함을 인정할 줄 모르니까요.

자신의 나약함을 모르는 사람은

그 삶의 배에 창조주와 동승하지 않습니다.

실패한 우리는

삶이 내 뜻대로, 내 노력대로 되는 것이 아님을

이제는 알게 되지 않았습니까?

좌절과 뼈 속까지 외로운 실패의 자리에 찾아오신

사랑의 예수님 앞에

자신의 힘으로 삶의 배를 움직이려 했던 베드로의 고백은
'나는 죄인입니다'라는 것이었습니다.
당신의 실패 속에서도 베드로와 같은 고백이 있기를.

#3

관계 중독에서 벗어나는 선택

채울 수 없는 물동이

백화점에서 두 손에 잔뜩 쇼핑백을 들고 나오면서도,
커피 한 잔 놓고 친구들과 한나절 수다를 떨고 나오면서도,
하루 종일 컴퓨터 게임을 하고 나서도,
창고에 많은 것을 채우고 돌아서서도,
방에 진열된 훈장을 빛나게 닦고 돌아서면서도,
왠지 모를 공허로 바람에 날리는 갈대처럼
마음이 허허롭다면
그 갈증의 원천을 찾아야 할 것 같습니다.

도대체 인간의 갈증의 원인은 무엇일까요?

사람들은 채워지지 않는 밑 빠진 물동이와 같은 욕구와
모호한 결핍감과 갈망으로 마른 목을 채워줄
무언가를 찾아 헤맵니다.
사람에게서나 물질에게서나 쾌락이나 취미 생활에서
충족시켜줄 무언가를 찾아다닙니다.
마음을 충족시켜주겠다는 유혹의 광고가
거리에 수없이 날아다닙니다.
'여기에 당신의 욕구와 갈망을 채워줄 모든 것이 있습니다.'

사람에게서 그 욕구를 채우려 했던
한 여인의 이야기가 있습니다.
사마리아의 '수가'라는 성에 살고 있던 여자였습니다.
그녀는 사람이 자신의 공허를 채워주리라 생각했습니다.
그래서 한 남자와 결혼했습니다.
그는 그녀의 갈증을 채워줄 수 없었습니다.
그녀는 채워지지 않는 불만으로 남편을 힘들게 했지요.
남편이 떠나자 그녀는 버림받은 상처를 견딜 수 없어
상처가 아물기도 전에 또 다른 사람과 관계를 맺었습니다.
그녀는 '사람 중독'에 빠졌습니다.
누군가 곁에 있지 않으면 한 시도 혼자 살 수 없었지요.
그녀는 사람에 집착했고, 다섯 번이나 남편을 바꿨습니다.

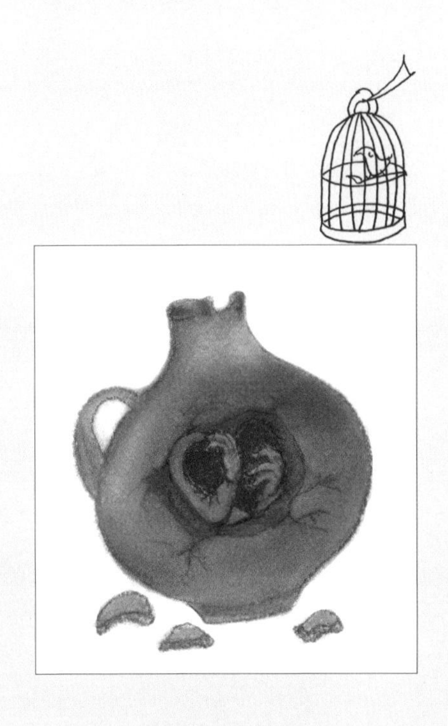

그녀는 사람이 채울 수 없는 그 무언가가 있다는 것을
속히 눈치채야 했습니다.

그러나 그들은 상실의 아픔과 상처의 악순환 속에
그녀를 남겨 두고 떠났습니다.
그녀의 관계 중독은 여섯 번째 남자와 만나게 했습니다.

그러나 그녀가 선택했던 남편들이나
지금의 여섯 번째 남자도
상대의 채워지지 않는 부분을 채워줄 수 있는
사람들이 아니었습니다.
오히려 여인에게서 무엇인가를 채우려는 사람들이었습니다.
수가성 여인과 같이 자신의 빈 물동이를
채워줄 것을 요구하는 '동반 의존자'일 뿐이었지요.
그녀의 결혼 생활은
마실 때는 목마름을 면할 수 있지만 곧 다시 목마른
우물물과 같았습니다.
그녀는 사람이 채울 수 없는
그 무언가가 있다는 것을 속히 눈치채야 했습니다.

우리는 어떻습니까?
그녀처럼 관계 중독에 빠져 있지는 않습니까?
무언가에 도취되어 중독의 길로 가고 있지는 않습니까?
오늘도 미디어들은 약물 중독, 도박 중독, 성 중독에 빠졌다는 사람들의 이야기로 가득하군요.
관계 중독에 걸려 사람 없이 살 수 없었던 수가성 여인이
오히려 외롭고 폐쇄적이고 소외된 삶,
감정의 마비 속에 살아야 했다는 걸
우리는 어떻게 생각해야 할까요?
욕구 충족을 위한 중독은 채울수록 깊은 함정을 파는
악한 욕망이 아니겠습니까?

관계 중독인 그녀 곁에는 사람도 사랑도 없었습니다.
그녀는 언제나 뜨거운 햇빛 때문에
마을 사람들이 왕래하지 않는 시간,
사람들의 눈을 피해 빈 물동이를 들고
우물물을 길러 길을 나섰습니다.
자신을 어둠 속에 감추고 싶었지만
오히려 햇빛이 날카롭게 내리쬐는 한낮의 길을 걸으며
여인은 자신의 수치와 소망 없는 삶에
자포자기하고 있었지요.
그녀는 그저 일시적인 갈증을 채우겠다는 생각 외에는
아무 생각 없이 우물가에 다다랐습니다.

삶은 때로 예기치 않게 진리와 대면하게 합니다.

그녀는 그 우물가에서 자신의 갈급한 삶에
영원히 목마르지 않을 '생수'로 찾아오신
그리스도를 만났습니다.
그분은 그녀의 과거와 현재의 목마른 삶을 알고 계셨습니다.
그분 앞에서 그녀의 사생활이 발가벗겨지듯 드러났지요.
자신의 인생은 실패한 인생이며
자신은 죄인이라는 것을 인정해야 했습니다.
그리고 자신을 그토록 목마르게 했던 갈증과
모호한 결핍감과 갈망과 좌절이
무엇이었는지 알게 되었습니다.
그것은 창조주가 인간의 영혼 속에 새겨둔
영원에 대한 갈망이었습니다.
그 갈증은 오직 생수이신 예수 그리스도만이
해갈시키실 수 있다는 것을 그녀는 직감했습니다.

마셔도 마셔도 다시 목마른 우물물을 선택할 것인가,
영원히 목마르지 않을
영생하도록 솟아나는 생수를 선택할 것인가?
두 가지 갈림길에서
그녀는 영원히 목마름을 채워줄 생명의 근원이신
그리스도와의 새로운 관계 속에 사는 길을 선택했습니다.

갈증을 채울 우물물을 긷던
자신의 물동이를 그녀는 버렸습니다.
그리고 마을로 달려가서 소리쳐 사람들을 불렀습니다.
은폐 속에 감추어져 있던 수치심을
물동이처럼 내팽개쳤습니다.
그녀는 부도덕하고 불행했던 과거의 자신과
영원한 생수를 찾은 기쁨을 갖게 된
지금의 나를 보라고 간증했습니다.
놀랍게도 그녀와 관계를 맺기 싫어 했던 동네 사람들이
그녀의 말을 듣고 예수께로 나아갔고
그분을 믿게 되었습니다.
사람과의 관계에 집착했지만
철저히 소외 당했던 한 여인의 선택이
하나님과 적대 관계에 있던 사람들을 화해시켰습니다.

우리도 이웃에게 우물가 여인의 이야기를
소개할 수 있겠지요?
그녀 영혼의 목마름을 해결해줄 수 없었던 고인 우물물과
순간의 해갈을 주며 더 큰 갈증으로 이끌던 우물로 유혹되어
중독의 물동이를 끼고 살던
옛 삶을 버리는 선택을 했다는 것도요.

그녀가 물동이를 던져버린 이야기까지 말입니다.
그리고 그녀가 만난
영원히 목마르지 않을 생수에 대해서도요.
창조주가 마음에 새겨 놓은 영원한 영혼의 갈망을 알고
그분께 예배하는 새 삶을 선택하게 되었다는 이야기는
꼭 들려주어야 할 것 같습니다.

자, 이제 우물가 여인의 이야기를 들은 우리 이웃도
창살같은 불볕이 내리쬐는 거리를
물동이를 들고 걷지 않아도 되겠군요.
그들의 갈증을 채워줄 예수님과 동행하게 될 테니까요.

관점의 선택

보는 대로 그리는 삶

아침에 눈을 뜨면서
우리는 하루를 엽니다.
창에 비치는 찬란한 햇살을 보며 기지개를 켜기도 하고
침대 아래 뒹구는 슬리퍼에 먼저 눈길을 보내기도 하고
시끄러운 소리로 울리는 알람시계를 보기도 합니다.
우리는 무엇인가를 보며 삽니다.
보고, 생각하고, 느끼고, 행동합니다.
눈을 뜨면 수없이 많은 사물들이 보이고
현상들이 펼쳐져 있습니다.
그것을 어떻게 볼 것인지는,

어떤 관점의 안경을 선택하느냐에 달렸습니다.
우리가 골라 쓰는 색깔의 안경에 따라
우리의 세계는 달라집니다.
같은 것을 같은 곳에서 보아도
관점은 각기 다를 수 있습니다.

에덴동산에서 하나님은 인간의 관점에 주목하셨습니다.
하나님은 사람이 보고 이름을 붙이도록
자신의 창조물들을 그에게로 이끌어가셨습니다.
그건 사람에게 주신 특권이었지요.
하나님은 사람이 어떻게 보고
무엇이라고 이름을 부르는지 지켜보셨습니다.
사람은 자기가 본 대로 이름을 붙였고
그가 부르는 말이 곧 그것의 이름이 되었습니다.

이름을 부른다는 것은 의미를 부여한다는 것이기도 하지요.
사람은 자기가 보는 관점을 따라
생각하고, 의미를 부여하고, 행동할 수 있게 되었습니다.
얼마나 멋진 창조의 사역입니까?
그건 마치 하얀 종이에 새로 산 크레파스로
마음껏 그림을 그릴 수 있는 아이의

행복 같은 것이 아닐까요?
그런 멋진 창조의 행복도
보는 사람에 따라 달라질 수 있다는 이야기가 있지요.

가나안 땅을 정탐하기 위해
열두 명의 정탐꾼이 가나안을 돌아보고 왔습니다.
그러나 관점이 두 갈래로 갈렸습니다.
열 명의 사람들은
그 땅이 비옥하기 때문에 탐내는 사람이 많아
전쟁이 많을 것이라고 보았습니다.
'거주민들을 삼키는 땅'이라고
큰 소리로 악평을 해댔습니다.
그런데 나머지 두 명은
그 땅을 전혀 다른 관점으로 보았습니다.
'젖과 꿀이 흐르는 땅', 옥토로 본 것이지요.

관점의 특성은 자신의 생각대로 본다는 것입니다.
내 눈에 멋있어 보이고 옳아 보이는 것만이
정답의 동그라미로 보인다는 것입니다.
혹시 우리 집에서도 이런 일이 일어나고 있지는 않은가요?
아들은 찢어진 청바지를 입어야 멋지게 보인다고 생각하지만

관점의 특성은 자신의 생각대로 본다는 것입니다.

내 눈에 멋있고 옳게 보이는 것만 정답의 동그라미로 보입니다.

아버지의 눈에는 찢어진 청바지가 불량하게 보입니다.
아들은 아버지를 고집쟁이 구세대로 보고
아버지는 아들을 버릇없고 불량한 자식으로 봅니다.
당신의 집에서 날마다 일어나는 전쟁이
관점의 차이 때문일 수도 있지요.
사람들은 내가 보는 관점대로 남도 볼 것이라는
착각을 하기도 합니다.

열 명의 정탐꾼은 가나안의 거주민들을 거인이라고 했고
자기들은 스스로 보기에도 메뚜기 같으니
그들이 보기에도 그와 같았을 것이라고 했습니다.
이 말에서 우리가 주목해야 할 것은
'스스로 보기에도'입니다.
우리는 스스로를 어떻게 보고 있습니까?
생각해보신 적이 있나요?
설마 자신을 '메뚜기'로 보지는 않겠지요?

그런데 안타깝게도 우리의 주변에는
'나는 쓰레기다.'
'나는 쓸모없는 존재다.'
스스로를 보고 이렇게 생각하는 사람들이 있다는 것입니다.

그들은 이렇게 추론합니다.

'사람들도 나를 쓰레기로 볼 것이다.'

'사람들도 나를 쓸모없이 밥만 축내는 인간으로 볼 것이다.'

그는 스스로 고른 깨진 안경을 쓰고 자신을 보고 있습니다.

스스로를 메뚜기로 본 사람들의 관점으로요.

스스로를 메뚜기로 본 열 명의 정탐꾼들에게 하나님은

"어느 때까지 나를 멸시하겠느냐"라고 말씀하셨습니다.

우리가 굳이 자신을 형편없는 사람이라고 우긴다면,

그건 우리를 지으신 창조주를 멸시하는 일이 아닐까요?

관점의 또 다른 특성은

남에게도 나의 깨진 안경을 씌우려 한다는 것입니다.

열 명의 정탐꾼의 관점에 회중의 관점도 깨져버렸습니다.

좌절하여 밤새도록 통곡했습니다.

애굽으로 다시 돌아가자는 운동까지 일어났습니다.

회중은 두 명의 말보다는

다수인 열 명의 관점을 선택한 것입니다.

소수의 두 사람은 전혀 다른 관점을 주장했습니다.

가나안 거민은 '우리의 먹이'라고 했습니다.

관점은 다수가 이긴다는 특성도 가지고 있습니다.

옳은 것이 다수에 밀리기도 하는 것이 세상사지요.

두 사람은 돌에 맞아죽을 지경이 되었습니다.
우리는 때로 다른 관점 때문에 틀렸다는
평가를 받기도 하지요.
그러나 두 사람에게는 '스스로 보기에도'를 뛰어넘는
또 하나의 관점이 있었습니다.
믿음의 관점입니다.
소망하는 것이 이루어지는 실상을 믿음으로 바라보고
보이지 않는 것까지 바라보는 관점이
그들에게 있었습니다.
"여호와께서 우리를 기뻐하시면
우리를 그 땅으로 인도하여 들이시고
그 땅을 우리에게 주시리라."
그들의 관점은 하나님께 맞추어져 있었습니다.

하나님은 열두 사람의 관점을 주목해보셨습니다.
그리고 믿음의 관점을 가진
두 사람의 편이 되어주셨습니다.
두 사람, 여호수아와 갈렙만이
믿음의 관점대로 가나안 땅에 들어가게 되었습니다.

하나님의 뒤집기는 언제나

우리의 기대를 뛰어넘지 않습니까?

우리 믿음의 관점이 멋진 역전승을 거두었으면 좋겠습니다.

우리가 보는 관점대로

우리는 자신의 삶의 그림을 그리고

그 그림대로 살아가게 될 것입니다.

#5

거절감을 극복하는 선택

떨리는 손

만약 우리가 십이 년 동안이나 병을 앓고 있다고 합시다.
더구나 그 병은 사람들과 접촉해서는 안 되는 병입니다.
사방으로 치료해줄 의사를 찾아다녔지만
의사들은 고통과 좌절만 안겨주었을 뿐입니다.
돈도 다 떨어졌는데 날로 병은 더 중해지기만 한다면,
아마 하루하루 사는 게 지옥 같은 고통일 것입니다.

혈루병을 앓는 여인이 그렇게 살고 있었습니다.
그녀에게 산다는 것은 외롭고 지겨운 시간을
죽여가는 일이었습니다.

모든 사람들이 그녀를 거절하고 피했습니다.
그녀는 자기혐오의 담을 쌓고 그 속에 갇혀야 했습니다.

그녀는 스스로에게 매일 이렇게 말했을지 모릅니다.
거절감에 싸인 우리의 짐작대로라면 말입니다.
'아무도 병든 나를 사랑하지 않아. 나는 거절당했어.'
'내가 먼저 남을 거절해야 상처받지 않아.'
'나는 누구에게나 거절당할, 버려진 인생이야.'
'나는 거절당했기 때문에 남과 담을 쌓아야 해.'
그녀는 스스로를 수치스럽게 여기며
자기 증오와 자기 연민에
점점 깊이 빠져들어갔을지도 모릅니다.

우리도 살면서 육체의 병으로 긴 세월 고통당하기도 하고
거절당한 마음의 병으로 자신을 가두고 살기도 합니다.
거절당하는 것이
십이 년 동안 앓는 육체의 병보다 더 무서워서
누구에게든 먼저 손을 내밀지 못하고 움츠릴 수 있습니다.
세상이 나를 버린 것 같고
아무도 나를 사랑하지 않으니
나 자신도 나를 사랑할 수 없다고

자신까지도 거절하며 살고 있을 수 있습니다.
그것 때문에 나와 남을 학대하며 살고 있을 수도 있습니다.
자신을 보호하기 위해 골방에 틀어박혀 있을 수도 있지요.
자신을 방치하고 미워하고 있는지도 모릅니다.
자신은 살만한 가치가 없는 사람이라고
생각할지도 모릅니다.
아마 혈루병 여인도 그랬을 거라고 생각하면서요.

그러나 우리의 예상과는 다르게
복병과도 같은 병에 의해 자신을 가둘 수밖에 없었던,
혈루병을 앓고 있던 그녀였지만
거절감이라는 마음의 병까지 짊어지려 하지는 않았습니다.
그녀가 세상과 관계의 줄을 놓지 않고 있었다니
놀라운 일이지요.
사람은 관계를 맺고
사랑하고 사랑 받으며 살아야 사람답게 사는 것임을
그녀는 믿고 있었습니다.
소리를 낼 수 있는 줄이 오직 하나만 남고
다 끊어져 버린 악기를 든 여인처럼,
그녀는 남은 한 가닥의 소망을 붙잡고
그녀의 귀를 세상에 열어놓았습니다.

어느 날 그녀는 예수님의 소문을 듣게 되었습니다.
모든 병든 것과 약한 것을 고치신다는 소문에
그녀는 일어섰습니다.
그러나 사람들에게 둘러싸여 있을
그리스도를 만날 자신이 없었습니다.
그분을 만나려면 수많은 사람들 속으로 들어가
그들과 부딪쳐야 했습니다.
그녀는 그들로부터 어떤 거절을 당할지 알고 있었습니다.
그 고통과 수치심이 그녀를 자꾸 주저앉혔습니다.
그녀는 선택해야 했습니다.
거절되고 외면당하고 가치 없는,
버려진 인생을 살 것인가?
거절과 수치를 당하더라도 사람들과 부딪쳐볼 것인가?

우리라면 어떻게 했을까요?
'그게 나에게 무슨 소용이 있겠어?'
'거절당할 것이 뻔해.'
'거절감에 나는 낙심할 거야. 나는 그것이 두려워.'
우리는 삶과 사람에 무관심한 척 열정 없이 살거나
보람 없는 내일에 공포를 느끼며 살 수도 있습니다.
인생은 단 한 번,

인생은 단 한 번, 선물처럼 주어진 기회입니다.

이제 우리도 용기를 내봐야 하지 않을까요?

선물처럼 주어진 기회인 데도 말입니다.

거절이 두려워 그 골방에서 나오지 않을 수도 있겠지요.
그러나 혈루증 앓는 여인은 십이 년이라는 세월을 보내며
그것이 얼마나 자신을 무가치하게 하고 수치스럽게 하고
인생을 포기하고 싶어지는 절망으로 내모는지를
알고 있었습니다.
그렇기에 스스로를 격려하고 돌보는 것을 선택했습니다.

그녀는 아무도 몰래 자신을 가리고
무리 속에 끼어들어갔습니다.
부정한 자는 남과 접촉해서는 안 된다는 계명을 깼습니다.
그녀는 예수님의 뒤로 가서 그분의 옷자락을 잡았습니다.
"누가 내 옷에 손을 대었느냐?"
수치가 노출되는 순간 그녀의 손이 파르르 떨렸습니다.
그녀는 자신을 수많은 사람 앞에 드러내야 했습니다.
수많은 거절을 경험했던 그녀는
떨며 그리스도 앞에 엎드렸습니다.
그녀의 떨리는 손을 그리스도는 거절하지 않으셨습니다.
"딸아 네 믿음이 너를 구원하였으니 평안히 가라.
네 병에서 놓여 건강하여라."

거절감이 두려워 자신을 마음속에 가두고 있다면
이제 우리도 용기를 내봐야 하지 않을까요?
마음의 손잡이는 밖에 달려 있지 않답니다.
오직 안에만 달려 있어
스스로 열지 않으면 열 수가 없답니다.
이제 스스로를 가두었던 그 골방에서 나오지 않으시렵니까?
비록 떨리는 손으로 그분의 옷자락을 잡을지라도
예수님은 그 손을 따뜻하게 잡아주실 겁니다.
혈루병 여인을 잡아주시던 그 따뜻한 손으로 말이지요.

죄책감에서 자유함을 얻은 선택

눈물의 고백

눈물이 점점 메말라가고 있습니다.

마루에 꿇어 엎드려 가슴을 치며 자기의 죄를 울고

남의 죄를 울어주던 그 눈물이 점점 사라지고 있습니다.

텔레비전 보느라, 컴퓨터 보느라, 핸드폰 들여다보느라

건조해진 눈에 인공눈물을 넣으며 살아가는

아는 것 많은 사람들이

자신의 정서를 인식하는 메타 무드가 무뎌져

정작 내 감정은 울어내지를 못합니다.

죄를 죄로 알지 못하는 세상에서

죄를 짓고도 눈물을 흘릴 줄 모르는 사람들.

섬뜩한 기분이 들지 않습니까?

닭이 울자 자기의 죄를 소리 내어 울던 한 사내가 있었습니다.
죽어도 예수님을 떠나지도 부인하지도 않겠다던
베드로였습니다.
예수님이 끌려가시던 그 참혹한 밤에
칼을 휘둘러 대적들을 막으려 했던 그였습니다.
그는 충성되고 때로는 무모하기도 한 사람이었습니다.
그러나 그는 자신 속에 있는
두려움의 감정을 알지 못했습니다.
예수님이 잡혀가셨던 그 어둠의 밤에
베드로는 여종과 사람들 앞에서 세 번이나
주님을 모른다고 부인하며 저주까지 했습니다.
마침 닭이 절규하듯 목청껏 울었습니다.
주님은 슬픈 눈으로 그를 돌아보셨습니다.
"오늘 닭 울기 전에 네가 세 번 나를 부인하리라."
주님의 말씀이 베드로의 가슴을 아프게 찔렀습니다.
그는 밖으로 뛰쳐나가 죄책감에 몸부림치며 통곡했습니다.

그 시간, 또 한 제자가 불안과 공포에 휩싸였습니다.
예수님을 은 삼십에 팔아버린 가룟 유다였습니다.

그는 예수님이 고통당하시는 것을 보자
자신의 선택의 결과에 치를 떨었습니다.
그는 예수를 판 대가로 받은 은 삼십 냥을 성소에 던지고
"내가 무죄한 피를 팔고 죄를 범하였다"라고 소리쳤습니다.
그는 할 수만 있다면 다른 사람에게
책임을 돌리고 싶었습니다.
"그것이 우리에게 무슨 상관이냐? 네가 당하라."
그는 자신의 죄책감을 없애려고
타협을 시도했지만 실패했습니다.
죄책감에서 벗어나기 위해 그는 극단적인 선택을 했습니다.
스스로 목매어 죽은 것입니다.
베드로가 죄책감으로 통회의 눈물을 선택했다면
유다는 죄책감으로 스스로를 죽이는 길을 선택한 거지요.

우리가 만약 죄책감을 갖고 있다면
죄책감은 우리를 그냥 두지 않을 것입니다.
형편없고 쓸모없고 비겁한 인간이라며
스스로를 비난하게 하고 책망하게 할 것입니다.
침울하고 자포자기하게도 하겠지요.
자신의 행복을 절대 용납하지도 않을 것입니다.
자신이 죄인이기에 행복할 자격이 없다고 생각하니까요.

죄책감은 우리를 고립시키고 무기력하게 할 것입니다.

베드로도 만사가 귀찮아졌습니다.
그의 마음은 병들었고, 영적으로도 무기력해졌습니다.
죄책감에서 벗어나고 싶었던 베드로는
예전의 물고기 잡던 어부로 다시 돌아갔습니다.
그는 하나님에게서도 사람에게서도 도피하고 싶었습니다.
삶의 에너지가 고갈된 그가 헛 그물질만 하고 있을 때
부활하신 예수님이 그를 보고 계셨습니다.
주님이 나타나셨다는 말을 들은 베드로는
호수로 뛰어내렸습니다.
죄책감을 가진 사람은 자신을 처벌하려 합니다.
스스로를 회한, 자기 연민, 자기 정죄에 빠뜨려
허우적거리게 합니다.
사소한 행복도 스스로에게 허락하려 하지 않습니다.
기본적인 욕구조차도 죄인인 자기는
누릴 수 없다고 생각하지요.
베드로는 식욕조차도 죄스럽게 느껴
식욕을 잃고 있었습니다.
그런 그에게 예수님은 생선과 떡을 먹이셨습니다.

회개의 눈물을 흘려보지 않은 사람은

사명을 감당할 수 없습니다.

눈물의 고백을 해보지 않은 사람은

진정한 사랑을 알 수 없습니다.

우리의 죄책감은 해결되어야 할 문제입니다.
해결되지 않은 죄책감은
고통과 불안과 공포의 수렁에서 빠져나오지 못하게
우리의 발목을 잡아당깁니다.
가치감을 떨어뜨리고 우울에 빠지게도 하지요.
'죄책'이란 히브리어로 '유죄'란 의미입니다.
유죄가 무죄가 되기 위해서는 심판을 받아야 하지요.
우리의 유죄를 대신할 속건제물이 필요합니다.
십자가의 죽으심으로
우리의 죄를 대신하여 제물이 되신 그 예수님이
죄책감으로 괴로워하는 베드로 앞에,
그리고 우리 앞에 나타나셨습니다.

예수님은 세 번 자신을 부인했던 베드로에게
세 번 사랑을 고백할 수 있도록 물으셨습니다.
"시몬아, 네가 이 사람들보다 나를 더 사랑하느냐?"
베드로는 세 번 같은 대답을 했습니다.
"주님, 그러합니다.
내가 주님을 사랑하는 것을 주께서 아십니다."
베드로의 첫 번째 고백은
자신의 죄를 인정하는 고백이었습니다.

주님은 두 번, 세 번 같은 질문을 하셨습니다.
베드로의 두 번째 고백은
자신의 죄를 회개하는 고백이었습니다.
베드로의 세 번째 고백은
죄 사함을 믿는 고백이었습니다.

죄책감에서 벗어난 베드로에게 예수님은
구원 받은 사람의 삶의 목적을 일러주셨습니다.
"내 어린 양을 먹이라."
"내 어린 양을 치라."
회개의 눈물을 흘려보지 않은 사람은
사명을 감당할 수 없습니다.
눈물의 고백을 해보지 않은 사람은
진정한 사랑을 알 수 없습니다.
죄책감으로부터 해방된 베드로는
예수님의 양을 치기 위해 자신의 생명을 내놓았습니다.
죽음의 두려움 때문에 예수님을 부인했던 베드로는
사랑하는 예수님을 위해
십자가에 거꾸로 못 박히는 죽음을 선택했습니다.

#7

기억으로 하는 선택

사랑의 기억

누군가에게 기억된다는 것은 행복한 일입니다.

세상에서 가장 불행한 사람은 잊혀진 사람이라고 하지요.

그러나 세월이 흐르면 잊혀지고

또 새로운 사람과 일을 만나는 게 인생이기도 하지 않을까요?

때로는 기억하기 싫은 사람이나 일이 있을지라도

그것조차 내 삶의 일부가 아닐까요?

평생 기억해야 할 것도 있습니다.

기억한다는 것은 내게 의미가 있다는 것이고

누군가를 향한 끊을 수 없는 관심이기도 하니까요.

우리가 살면서 무엇인가를 선택해야 할 때
기억의 창고에서 그때 그 일, 또는 그때 그 사람을
기억해야 할 때가 있습니다.
관계의 단서가 되는 선물 같은 기억들을 통해
다시 한 번 가슴 설레는 만남을 꿈꾸기도 하고,
누군가에게 내 삶의 스토리를 들려줄 수도 있습니다.
누군가 우리에게 "나를 기억해주세요"라고 말한다면
그때 그는 잊혀진 아픔을 앓고 있는 중일 것입니다.

떠나버린 아들로 인해 잊혀진 아픔을 앓는 아버지와
아버지의 사랑을 기억해낸 아들의 이야기가 있습니다.
아버지에게는 두 아들이 있었는데
둘째 아들이 아버지의 재산 중에서
자기에게 돌아올 몫을 달라고 하여 집을 떠났습니다.
그는 먼 나라로 가서 허랑방탕하며
재산을 낭비해버렸습니다.
빈털터리가 된 둘째 아들은 돼지치기로 살면서
배가 고파 돼지 먹는 쥐엄 열매로 배를 채우려고 했지만
그것조차 주는 사람이 없었습니다.

비참한 생활 속에 남겨진 하나의 희망이 있다면

아버지의 집으로 돌아가는 것이었습니다.
그러나 그는 아버지의 집으로 돌아가야 할 것인지
세상에서 돼지치기로 배를 곯을 것인지
선택을 망설였습니다.
지은 죄가 너무 컸기 때문이지요.

품꾼에게까지 양식을 풍족히 주는 아버지의 사랑이
자꾸 기억 속에 맴돌았습니다.
아버지의 사랑과 아버지 집에서의 풍족했던 생활의 기억이
집으로 돌아가는 선택을 하도록 그의 등을 밀었습니다.
그 기억으로 그는 아버지를 다시 찾았습니다.

거리가 먼 데도 알아보고 달려와
아들의 더러운 목을 안고 입을 맞춘
아버지의 간절한 바람은 무엇이었을까요?
아버지를 기억하고 돌아오라는 것 아니었을까요?
하나님 아버지는 어떠하실까요?
하나님은 우리에게 잊혀지는 것을 싫어 하셨습니다.
우리가 하나님의 존재 자체를 잃어버리는 것,
그분이 하신 일을 잊어버리는 것,
그분의 사랑을 잊어버리는 것을 가장 싫어 하셨습니다.

그분은 늘 우리가 그분의 모든 것을 기억해주기를
질투하기까지 원하셨습니다.
하나님은 기억의 징표를 자신의 백성에게 남기시곤 했지요.
이스라엘 백성이 언약궤를 매고 요단강을 건넜을 때
하나님은 이스라엘 백성에게
요단에서 가져온 열두 돌을 길갈에 세우게 하시고
하나님이 하신 일을 기억하고
그 자손들에게 세우신 돌의 뜻을 이야기하게 하셨습니다.
자손들에게까지 대대로 기억되기를 원하셨던 거지요.

우리가 누군가를 지극히 사랑한다면
가장 두려운 것이 무엇일까요?
사랑하는 그에게 잊혀져서
그가 기억하지 못하는 것 아닐까요?
그의 기억 속에 다른 것이 가득 차서
내 존재조차 잊게 되는 것이 아닐까요?
우리가 누군가를 사랑한다면
질투하기까지 내가 기억되기를 원하지 않을까요?
놀랍게도 하나님을 두렵게 하는 것이 있었습니다.
하나님은 자신의 백성에게 잊혀지는 것,
그분이 우리에게 행하신 사랑을

아버지의 사랑과 아버지 집에서의 풍족했던 생활의 기억이
집으로 돌아가는 선택을 하도록 그의 등을 밀었습니다.

우리가 잊을까 두려워하셨습니다.
그래서 누누이 말씀하셨습니다.
"하나님을 기억하라."
"하나님이 하신 일을 기억하라."

우리의 영혼이 마른 풀같이 시든 것을 느낄 때
우리의 자녀가 하나님의 임재하심을 느끼지 못할 때
우리가 이 모양 저 모양으로 고난 당할 때
하나님의 말씀이 내 머릿속에서 겉돌 때
내 입에서 기도가 중언부언 나올 때
자아가 살아서 용을 쓰고 불평이 많아질 때
하나님의 말씀의 등불이 꺼져 있을 때
예배와 찬양이 힘을 잃었을 때
내 영혼이 쥐엄 열매조차 못 먹은 것같이 굶주려 있을 때
정신 차려 살펴보아야 할 것이 있지 않을까요?

아버지의 집을 떠난 탕자처럼
하나님과 멀리 떨어져 있는 것은 아닌지,
하나님을 매 순간 잊고 있는 것은 아닌지 말입니다.
만일 그렇다면 우리는 속히 기억해야 합니다.
우리의 기억 속에 있는 하나님과의 첫 사랑의 기쁨을,

죽을 목숨을 살려주신 놀라운 구원의 감사와
기적 같은 많은 일들을 이루심에 대한 감동을
기억해야 할 것입니다.
하나님과 함께했던 간증을
우리의 자녀에게도 들려주어야 할 것 같군요.
부모가 들려주는 하나님의 이야기는
자녀의 기억에 새겨져서
언제 어디서 선택의 문제에 부딪치든
최상의 선택을 하게 할 것이기 때문이지요.
'나는 전능하신 하나님의 자녀'라는 자부심이 있는 선택을.

#8

쾌락을 극복하는 선택

장님이 된 태양의 사람

우리의 삶을 어떻게 보시나요?

삶을 긴 하나의 선으로 보느냐,

시간이라는 점들이 모인 집합으로 보느냐에 따라

삶을 대하는 우리의 태도가 달라집니다.

삶을 시간이라는 한 점 한 점이 모인 집합으로 본다면

오늘 우리에게 주어진 시간을 함부로 대할 수는 없습니다.

우리에게 주어진 가장 큰 선물은

'오늘'이라는 시간 아니겠습니까?

오늘을 어떻게 사느냐에 따라

우리 삶의 모습이 달라집니다.
오늘 하루를 소중히 살아야 한다는 것에 대해
심각하게 생각해본 적이 있으신가요?
우리는 삶을 긴 하나의 선으로 보고 과거에 매어 살거나
삶을 지루해하기도 하고,
그저 살아야 하니까 살기도 하지요.
지루하고 의미 없이 사는 사람들이
흔히 택하는 것이 '쾌락'이기도 합니다.

특별한 능력을 갖고 태어난 사람이 있었습니다.
그는 '성별된 자'요, '바쳐진 자'였습니다.
그에게는 부여된 능력의 잠금장치로 주어진
금지 조항들이 있었습니다.
포도주와 독주를 마시지 말고
부정한 것도 먹지 말고
시체에 가까이 가지 말고
머리카락은 조금도 깎지 말아야 한다는 것이었습니다.
머리카락은 그의 힘의 근원이었습니다.
그에게 쾌락은 금지되었습니다.
그는 누구보다도 진지한 삶을 살아야 했습니다.
그러나 그는 삶을 지루한 하나의 선으로 보았고

삶의 시간을 부여 받은 우리는

삶을 소중히 여길 책임을 동시에 받았습니다.

주어진 자신의 삶을 못 견뎌 했습니다.

그는 주어진 자신만의 '오늘'에
금지된 장난질을 치기 시작했습니다.
사자를 찢어 죽여 시체를 만졌고
시체에서 나온 달콤한 꿀을 먹었습니다.
이방 여인의 매력에 빠져 금지된 결혼을 하기도 했지요.
성 문짝들과 설주와 빗장을 빼서 어깨에 매고
산꼭대기로 오르며 능력을 과시하기도 했습니다.
여우 삼백 마리를 붙들어서
꼬리에 불을 붙이는 장난질을 서슴지 않았습니다.
그의 오늘은 이방인들과의
수수께끼로 희롱 당하기도 했습니다.
그는 선택된 삶을 포기하고
쾌락으로 자신의 시간을 망치고 있었습니다.

우리는 어떻습니까?
무엇이든 남에게보다 더 주어진 것을
장난감처럼 다루거나 소홀히 하고 있지는 않나요?
매일 우리의 눈을 즐겁게 하고
쾌락에 빠지게 하는 어떤 것은 없나요?

우리의 오늘을 도둑질하고 시간을 무책임하게
낭비하는 일은 없나요?
오늘을 만만히 보고 삶을 웃음거리로
낭비하고 있지는 않나요?

이쯤에서 성별된 자의 이름을 밝혀도 좋을 것 같습니다.
지금도 쾌락을 즐기는 자들이 부러워할지 모르는
삼손입니다.
여자의 힘이란 하와 이래로
여전히 남자의 힘보다 우세한 것 같습니다.
여자의 눈물의 유혹에
삼손은 힘의 비밀을 누설하고 말았으니까요.
그의 머리카락은 잘려나갔고, 능력은 그를 떠났습니다.
그는 대적의 손에 잡혀 두 눈이 뽑혔습니다.
가장 큰 쾌락은 보는 쾌락입니다.
하와가 선악과를 '본즉' 탐내게 된 그날 이후
보는 데에서 쾌락과 탐욕이 시작되었으니까요.
보는 쾌락에 사로잡혀 있던 삼손의 두 눈은
대적들에 의해 참혹하게 뽑혔습니다.
빛은 사라졌고, 그의 쾌락은 어둠의 대가를 받았습니다.

대적들은 그를 놋줄로 묶어 맷돌을 돌리게 했습니다.
그에게 주어졌던 놀라운 힘을 남용한 대가는
옥에 갇혀 맷돌을 돌리는 일이었습니다.
자신에게 주어진 시간을 가지고
놀림감으로 장난을 치던 그는
대중 앞에서 재주를 부리는 대중의 놀림감이 되었습니다.

그의 이름에는 '태양의 사람'이란 의미도 있었습니다.
그는 태양의 빛으로 살도록 선택받은 사람이었습니다.
그러나 그는 자신과 함께 자신의 민족을 절망의 어둠으로
내동댕이쳤습니다.
그는 선택받은 자였지만 사명보다 쾌락을 선택했고
그 대가는 참혹했습니다.

어디 삼손뿐이겠습니까?
삶의 시간을 부여 받은 우리 역시
삶을 소중히 여길 책임을 동시에 받은 거지요.
주어진 삶을 낭비하지 않으려면
소중한 것을 소중히 볼 수 있는 눈이 있어야 하지 않을까요?
삼손은 소중한 것을 소중히 보지 못하는 죄를 지었습니다.

선택받은 사람은 삶을 제 뜻대로 살 수 없습니다.
선택하신 분의 뜻대로 살아야 하는 삶에 대한
겸허함이 있어야 합니다.
우리에게 주어진 능력이나 재능이
주신 분의 뜻을 이루기 위한 도구라면
그 도구는 나의 쾌락이나 탐욕을
만족시킬 도구가 아니지 않겠습니까?

우리에게는 삼손의 머리카락보다
아니, 그 어떤 것보다 더 소중한 '인생'이라는
시간이 주어졌습니다.
주어진 '오늘' 하루는 누구에게나 공평하게
스물네 시간입니다.
주어진 삶의 시간을 어떻게 보낼 것인가 하는 것은
우리에게 주어진 문제입니다.

#9

상실의 길에서의 선택

괴로운 여인

우리가 가장 두려워하는 것은 무엇일까요?

상실이 아닐까요?

사랑하는 사람을 잃는 상실, 소유를 잃는 상실….

죽음이 두려운 이유도

사랑하는 사람들과 분리되는 상실 때문이라고 하지요.

사람이 살면서 상실의 아픔을 겪지 않을 수는 없겠지만,

가장 피하고 싶은 것도 상실이 아닐까 싶습니다.

그런 상실을 한 번도 아니고 여러 차례 겪은 여인이 있습니다.

그녀는 자신을 괴로운 여인,

'나오미'라고 불러 달라고 했습니다.

그녀에게 상실의 괴로움은
흉년을 피해 타국에서 생활하기로
결심했을 때부터 주어졌습니다.
고향을 잃은 상실은 그녀의 마음 한쪽에 구멍을 냈지요.
타국 생활에 안정을 찾을 무렵, 불운이 이 가정을 덮쳤습니다.
배우자인 남편이 죽어 버린 것입니다.
나오미의 상실감은 하늘이 무너지는 절망이었지만
그녀에게는 사랑하는 두 아들이 있었습니다.
두 아들은 병약했지만 결혼도 했습니다.
이방 여인들을 며느리로 맞아야 한다는 데
죄책감을 느꼈지만
이제는 남편을 묻은 그 땅에 정착해야겠다고
그녀는 마음을 굳혔지요.

그렇지만 삶은 그녀에게 또 한 번 가혹한 아픔을 주었습니다.
의지했던 두 아들이 손자도 안겨주지 못하고
세상을 떠나버린 겁니다.
충격과 슬픔에 넋이 나가 있는 그녀의 곁을
두 며느리가 지켰습니다.
상실의 고통과 슬픔 속에서
그녀는 새로운 선택을 해야 한다고 생각했습니다.

언제까지 울고만 앉아 있을 건가요?
잃어버린 것들을 되돌릴 수 없다면
또 다른 선택의 용기가 필요합니다.

남편과 두 아들이 묻혀 있는 이방 땅에 머물 것인가,
삶의 뿌리가 있는 하나님의 약속의 땅으로 돌아갈 것인가?
두 번째를 선택하는 데는
손가락질 당하는 수치와
빈털터리의 가난과
새로운 시작에 대한 두려움이 따랐지요.
무엇보다 나오미가 두 번째를 선택하기 힘들게 한 것은
아마도 죽은 남편과 두 아들을 잊어야 한다는
죄책감이 아니었을까요?

그러나 그녀는 잘못된 선택에 매어 있고 싶지 않았습니다.
'언제까지 울고만 앉아 있을 것인가?
잃어버린 것들을 되돌릴 수 없다면
또 다른 선택의 용기가 필요하다.'
그녀는 이렇게 생각했을지도 모릅니다.
포기하기에는 그녀의 남은 인생도 소중했습니다.
나오미는 두 번째를 선택하기로 마음 먹었습니다.

나오미의 며느리 중 룻은
어머니를 따라가는 길을 선택했습니다.
룻의 선택은 어머니 나오미의 하나님을

자신의 하나님으로 받아들이고
하나님의 백성이 되겠노라는 고백이었습니다.
두 번째를 선택한 나오미에게
룻의 선택은 선물로 주어졌습니다.

나오미가 고향에 돌아오자 성읍 사람들이 떠들어댔습니다.
"이이가 나오미냐?"
'사랑스러운 여인'이었던 나오미가
늙고 초라한 모습으로 슬픔과 수치심에 가득 차
이방 며느리 하나만 데리고 돌아오자
이웃 사람들이 놀랐던 거지요.
그녀는 자신의 상실감을 숨기려 하지 않았습니다.
그녀는 그녀의 불행을 떠들어대는
사람들에게서 피하려 하지 않았습니다.
"그래요, 나는 괴로운 여인입니다."
자신의 가족이 하나님의 약속의 땅을 떠난
첫 번째 잘못된 선택의 결과로
죄책감과 후회와 절망을 안고 돌아왔음을 인정했습니다.
그녀의 두 번째 선택은 전능자를 향한
회개로 시작되었습니다.

살면서 상실의 고통을 겪지 않는 사람이 누가 있겠습니까?
영원히 지속될 것이 무엇이 있겠습니까?
이 땅의 생명도 끝이 있고
소유도 언젠가는 사라지는 것 아니겠습니까?
우리의 삶에 버팀줄이 되어주는 것이 무엇입니까?
나의 것이라고 주장할 것이 무엇이겠습니까?
그럼에도 우리는 완강히 상실을 거부합니다.
그러다 상실을 만나면
그로 인해 모든 것을 잃었다고 생각합니다.
벌거벗은 알몸뚱이로
이 땅에 왔다는 것을 기억하지 못합니다.

하나님은 나오미의 아픔을 외면하지 않으시고
그녀의 두 번째 선택에 새로운 삶의 길을 열어놓으셨습니다.
나오미의 처절한 상실의 고통 속에서도
그녀와 함께하기를 선택했던 며느리 룻 속에
하나님의 축복의 비밀이 감추어져 있었습니다.
하나님은 나오미와 룻의 수치스러운 삶 속에
그녀들의 새로운 삶을 설계하고 계셨던 것입니다.
이방 여인인 며느리 룻에게 주신 만남의 축복을 통해
나오미는 손자 오벳을 품에 안게 되었습니다.

인생 여정에서 남편과의 사별,

자녀의 죽음으로 겪었던 상실의 고통이

감격과 감사의 벅찬 찬양으로 바뀌었습니다.

그녀도 알지 못했지만,

두 번째 선택을 해야 할 이유가 있었던 것입니다.

그녀에게는 돌아온 약속의 땅에서 해야 할 일이

남겨져 있었습니다.

바로 끊어진 대를 잇는 것이었습니다.

그녀가 노년에 품에 안은 손자 오벳은

다윗의 할아버지였습니다.

만약 우리가 상실로 인해

내 인생이 끝났다는 생각이 든다면,

살 소망이 사라지고 칠흑 같은 어둠이

내 앞에 임했다고 느낀다면,

잊으라는 말도 욕되게 들리는 상실의 슬픔에 짓눌려

숨도 제대로 쉴 수 없다면,

누구도 우리를 위로하기가 쉽지 않을 것입니다.

함께할 수 없다는 고통에 오히려 등을 보일 수도 있습니다.

슬픔과 고통으로 눈에 보이지 않고 손에 잡히지도 않지만

아직 이 땅에서 우리가 해야 할 무언가가 있고
우리가 만나야 할 사람이 있다는 것을 기억했으면 합니다.
약속의 땅에 함께 갈 사람들이 잠잠히 기도하고 있다는 것도
잊지 말았으면 좋겠습니다.
우리가 상실의 회복을 위해 다시 일어서기를 선택한다면
새롭게 예비된 삶으로 인도함을 받은 나오미의 축복이
기다릴 수도 있지 않겠습니까?

우리 자신은 소중합니다.
무엇보다 슬픔과 분노로
자기 자신을 상실하지 않았으면 좋겠습니다.

불평의 길에서 벗어나는 선택

불뱀에 물린 사람들

주위를 둘러봐도 마음에 드는 인간이 없고
무엇이나 흠집투성이로 보이고
어떤 일이건 도대체가 못마땅하다고
종일 투덜거리며 하루를 보내고 있지는 않은가요?
짜증난다는 말을 입에 달고 살고 있지는 않은가요?
남편이나 아내가 하는 짓이 마음에 안 든다고 불평하고
돈이 없어 쇼핑이나 외식도 제대로 못한다고 한숨 쉬고
일이 너무 힘들다고 아이들에게 짜증을 내고
하나님은 무얼하시기에 도와주지도 않느냐고
불평하면서 말이지요.

무엇이, 왜 그렇게 우리를 불평불만으로 몰고 갈까요?
내 삶이 부족감으로 바람 빠진 풍선처럼 쪼그라져 있다면,
많은 것을 가졌으면서도
없는 하나에 매달려 집착하고 있다면,
가진 것에 감사할 줄 모르고 남의 떡만 크게 보인다면,
충족되지 않는 결핍감 때문은 아닐지
생각해보아야 할 것 같지 않습니까?

불뱀에 물린 사람들의 이야기가 있지요.
불평불만은 행복한 길을 고단한 길로
바꾸는 재주가 있습니다.
짧은 영광의 길을 길고 긴 고난의 길로
만들어버린 백성이 있었지요.
그들은 자신들의 결핍에 사로잡혀 늘 투덜거렸습니다.
사실 그들은 놀라운 기적을 보았던 사람들이었지요.
애굽에 쏟아진 열 가지 재앙에서 구원받기도 했고
홍해가 갈라지는 체험도 했던 사람들이었습니다.
하늘에서 내리는 만나를 먹었고
구름기둥과 불기둥으로 보호받았던 사람들이었지요.
그럼에도 그들은 모든 것에 불만을 품고 불평했습니다.

결핍을 채우는 것이 우리 삶의 목표이고 행복이라면

과연 채워질까요?

인도자가 마음에 안 든다고 불평하고
고기를 배불리 먹을 수 없다고 불평하고
목말라 죽겠다고 원망하고
가는 길이 멀고 험하다고 불평하고
하나님이 도와주시지 않는다고 불만을 토했습니다.

그들은 늘 자신들의 결핍을
누군가 채워주어야만 한다고 생각했지요.
그들의 욕심이 부풀린 욕구의 주머니가
늘 비어 있다며 불평했지요.
그들은 정작 불평불만이
행복을 새어나가게 하고 있다는 것을 몰랐습니다.
그들은 불평불만으로 재앙을 부르고 있었습니다.
주어진 귀한 복을 담을 허는 여우처럼
파괴시키고 있었으니까요.

불평불만하는 이스라엘 백성에게
내려진 재앙은 불뱀이었습니다.
광야의 불뱀은 맹독으로 생명을 죽입니다.
눈에 보이지 않던 불평불만이 모습을 드러냈습니다.
불뱀의 모습으로 말입니다.

사람들은 실체를 보아야 믿기 때문이지요.
불평불만은 그동안 불뱀처럼
삶을 삼키고
불태우고
불과 같은 맹독으로
육신의 건강에도 치명상을 입혀 왔다는 것을
그들은 속히 깨달아야 했습니다.

불평불만의 죄는 심판을 받아야 했습니다.
그들에게 내려진 구원의 처방은
놋뱀을 장대 위에 매달아
무서운 죄의 파괴력을 보는 것이었습니다.
그들은 불평불만의 죄에 물렸던 삶이
얼마나 치명적인 독으로
자신을 불덩이같이 삼켜왔는지를 알아야 했지요.

불뱀에게 물렸던 사람들은
놋뱀을 쳐다보아야만 살았습니다.
불뱀은 하와에게 결핍감을 넣어 죄를 짓게 한 뱀처럼
여전히 그들 옆에서 혀를 날름거리고 있었고
놋뱀은 높이 들려 구원의 표징으로 그들 앞에 있었습니다.

그들은 선택해야 했습니다.
불평불만으로 불뱀에 물리는 삶을 계속 살 것인가,
죄를 못 박고 장대에 달린 놋뱀을 바라보며 살 것인가?

우리 역시 선택을 해야 할 것 같습니다.
결핍을 채우는 것이
우리 삶의 목표이고 행복이라면
과연 채워질까요?
결핍감의 구멍 난 주머니를 꿰맬 특수바늘은
아직 발명되지 않았습니다.
아마 사람에게 마음이란 것이 없어지기 전에는
특수바늘은 효능을 발휘하지 못할 것 같습니다.
결핍은 채우느냐 채우지 못하느냐의 문제가 아니라
만족할 줄 모르는 마음의 문제이기 때문이지요.
어디에 우리의 가치를 두고 사느냐의 문제이기도 합니다.
우리가 구원받은 사람이라면
이미 가장 중요한 생명으로 가득 차 있는 것 아닌가요?

이제 헛된 욕구의 결핍으로 상을 찡그리기보다는
모든 것을 가진 자의 여유를 누려봄은 어떨까요?
현재의 만족감으로 웃어보는 것은 어떨까요?

불평불만으로 즐거운 삶이 부정되고
자신의 존재에조차 만족하기를 거부하고 있다면
우리는 엄청난 손해를 보고 있는 것이겠지요.

우리가 인생길을 불만으로 투덜거리며 걷는다면
길 가에 피어 있는 꽃들의 아름다움도 보지 못하고
아이들이 웃고 떠드는 소리도 귀찮게만 들릴 것입니다.
우리는 인생을 즐기고 누릴 수 있는 복과
따뜻한 이웃을 잃게 될 것입니다.
주변의 모든 것들을 흠잡으며 투덜거리는 사람을
좋아할 사람은 아무도 없기 때문이지요.

결핍으로 인한 불평불만으로 행복에 치명상을 입힐 것인가,
만족으로 불평불만을 죽이고 즐겁게 살 것인가?
잠시 내 삶의 패턴을 돌아볼 기회를 가져보는 게
좋을 것 같습니다.
삶의 충족감은 외적인 소유의 풍족함이나 좋은 여건보다
우리 내면의 행복에 대한 생각의 변화에서
시작되는 것이기도 하니까요.

한 가지 힌트를 드리고 싶습니다.

불평불만의 불뱀은

구원의 감사와

자족하는 마음의 감사를

가장 무서워한답니다.

자존심 있는 선택

개가 된 여인

자신을 잘 알고 있나요?

거울에 비친 '나'의 자화상은 어떤 모습입니까?

우리는 자신을 존중하고 있는 걸까요?

우리의 자기 평가는 어떠합니까?

자기 가치감은 또 어떠합니까?

이 질문에 중요한 삶의 열쇠가 있음에도

이 질문을 스스로에게 해본 적은 별로 없는 것 같습니다.

자신을 이해하는 것은 남을 이해하는 것처럼 어렵습니다.

이따금 자신에 대해 놀랄 때가 있지 않나요?

평소와 전혀 다른 나의 모습이 튀어나올 때 말입니다.
우리는 자신을 무척 사랑한다는 착각하고 있지요.
그래서 누군가에 의해 기분이라도 상하면
자존심이 상했다고 발끈합니다.
그러나 자기 평가나 자기 가치감이 높다면
우리의 자존감은 아이들이 날린 종이비행기처럼
그렇게 쉽게 떨어지지는 않을 것입니다.

자존감을 시험당한 여자가 있었습니다.
그녀는 귀신들린 딸을 둔 어머니였습니다.
만약 우리 자녀가 더러운 귀신이 들렸다면 어떻겠습니까?
자존심 때문에 딸을 골방 속에 가두려할지도 모릅니다.
그 딸을 남 앞에 내어놓는 일은
그녀의 자존심에 여지없이 상처를 내는 일이었을 것입니다.

만약 그녀가 자신의 이런 처지를 운명으로 받아들였다면,
'내 행복은 아이로 인해 다 깨져버렸어.
나는 어쩔 수 없는 불행한 사람이야.'
'이 어려움과 부딪히고 싶지 않아. 피해가는 것이 편해.'
'나에게 더 위험한 일이나 두려운 일이 일어날지도 몰라.
그러니 나는 늘 그 생각을 하고 있어야 해.'

어떤 상황에서 어떤 취급을 받더라도
자신의 가치가 소중함을 아는 사람은
세상의 편견에 흔들리지 않겠지요.

'무슨 죄가 많아서 이런 일이 나에게 일어나는 거야.
정말 견딜 수가 없어.'
이런 생각에 사로잡혀 자존심을 죽이며 살았을 것입니다.
자신의 운명에 눌려 자신까지
골방에 감추며 살았을지도 모르지요.
운명을 받아들이는 사람은
자신의 선택은 가능하지 않다고 생각하니까요.
그러나 그녀의 인생에 대한 선택을 우리는 아직 모릅니다.

어느 날 그녀는 예수님의 소문을 듣게 되었습니다.
그녀는 앉았던 자리를 박차고 일어섰습니다.
다행히 그녀는 운명 속에
자신을 감추려 하지 않았던 것 같습니다.
그녀는 운명과 맞서는 용사처럼 허리띠를 묶고
예수께 맹렬한 기세로 달려갔습니다.
'그분이라면 반드시 내 딸을 낫게 해주실 거야.'
그녀의 딸에 대한 사랑은 자신의 자존심 같은 것은
아랑곳할 여유조차 없이 절박한 것이었습니다.

그러나 그녀 앞에는 그녀를 막아서는 군중들이 있었습니다.
그들은 스스로 신의 선택을 받은 사람들이라고 했습니다.

콧대 높은 자존심을 갖고 있는 유대인들이었습니다.
그들은 이방인이었던 그녀를 서슴지 않고
'개'라고 부르는 사람들이었습니다.
그들 무리 속에 들어가려면
스스로를 '개'로 인정해야 했습니다.
그녀의 망설임 없는 선택은 자존심을 내세우지 않았습니다.
그녀는 자신의 문제인 딸의 문제를 피하지도 않았고,
무력감도 느끼지 않았고,
좌절도 하지 않았습니다.
사람은 현실보다 더 큰 가치를 추구할 때
자존심을 버릴 수 있는 용기가 생기는 것 같습니다.
그녀는 자존심보다 사랑을 더 큰 가치로 여겼으니까요.

여자는 예수님의 발 앞에 엎드렸습니다.
그분의 긍휼을 원했습니다.
그러나 그녀는 또 한 번 개 취급을 받아야 했습니다.
"자녀의 떡을 취하여 개들에게
던져주는 것이 마땅하지 않다."
사랑이신 예수님의 말에 우리는 잠시 당황하게 됩니다.
그녀에게 예수님은 자존심의 시험을
치르게 하셨던 것 같습니다.

우리가 개 취급을 받는다면
어떤 태도를 보일 것 같습니까?
우리의 자존심이 가만히 있지 않을 것 같지 않나요?

그러나 그 순간 그녀는 사람으로서의
자존심을 버리는 선택을 했습니다.
사랑을 위해 개가 되기를 선택했습니다.
"주여, 옳습니다."
그녀는 예수님의 말씀을 인정하고 말했습니다.
"그러나 상 아래 개들도 아이들이 먹던
부스러기를 먹나이다."
자존심 같은 것은 버리고
부스러기 은혜라도 받겠다는 그녀의 선택은
예수님이 주신 자존감 시험에 합격했습니다.
그것은 믿음에 대한 시험이기도 했습니다.
그녀가 시험에 통과하자마자
그녀와 딸을 무가치하게 하려 했던
귀신이 떨며 떠났습니다.

자, 우리의 생각은 어떻습니까?
그녀는 정말 자존심 같은 것은 없는 사람이었을까요?

그녀가 누구보다 강한 자존심을 갖고 있었던 건 아닐까요?
만약 그녀가 자신에 대한 자존심이 없었다면
그 자리를 박차고 집으로 가버리는 선택을 했겠지요.
모욕과 수치를 감수하지 못했을 것이기 때문입니다.

그러나 그녀는 냉철함과 참을성과 겸손을 잃지 않았습니다.
그녀는 자신에 대해 누가 '개'라고 해도
자신이 '개'가 아니라는 자존심을 갖고 있었습니다.
참다운 자존심은 자신을 버릴 수 있는 용기가 아니겠습니까?
그녀는 '신에게 선택받지 못한 자'라는
사람들의 주장도 무시했습니다.
만약 그 주장에 민감했다면
그녀는 예수께 달려가는 선택을 하지 못했을 것입니다.
선택받은 자라고 자부하는 무리 중에
정작 하나님 은혜의 선택을 받은 사람은 누구입니까?

자존심이 강한 사람은 남의 평가나 취급에
자신을 내어주지 않지요.
자신의 가치를 지키기 위해
남의 가치를 지켜주기 위해
상 아래 부스러기 같은 하찮은 자존심은 버릴 줄도 알고 모욕과 수치 앞에 무릎을 꿇는 선택도 할 수 있습니다.
자신이 어떤 상황에서 어떤 취급을 받더라도
자신의 가치가 소중함을 아는 사람은
세상의 편견에 흔들리지 않겠지요.
진정한 자존심을 지킬 수 있는 선택은
자신을 비우는 것이 아닐까요?

#12

열등감을 떨치는 선택

나무로 올라간 사내

검은 천을 뒤집어쓰고 누군가를 따라다니는

사람의 이야기를 알고 계십니까?

그 으스스한 인물이 우리를 따라다닐지도 모르겠군요.

그는 우리가 무언가를 하려 할 때마다 속삭입니다.

'네가 무얼 할 수 있다고 그래.

저 사람들을 봐. 너보다 훨씬 낫잖아.'

'너는 도대체 제대로 할 수 있는 것이 없잖아.

가만히 있는 게 낫지. 네 주제를 알아야지.'

'그러면 그렇지, 너는 어쩌다 잘했을 뿐이야.

순전히 우연이지.'

우리는 그로 인해 늘 불쾌하고 무능감에 빠지면서도
그의 정체를 알아야 한다는 생각조차 못하고
살고 있는지도 모릅니다.

그런데 어느 날,
아주 다행스럽게도
'이대로는 살 수 없어. 저자의 정체를 알아야겠어'
라는 생각을 우리가 하게 되었다면,
"너는 도대체 누구냐?"라며
그가 뒤집어쓰고 있던 검은 천을
'확' 벗겨버릴 수도 있을 것입니다.
우리를 그토록 괴롭히던 그는 누구였을까요?

놀랍게도
바로 우리 자신입니다.
좀 더 정확하게 말하면,
우리의 열등감입니다.

검은 천을 뒤집어쓰고 자신에게 찰싹 달라붙어 있는
열등감을 떨쳐버리려고 달리는 한 사내가 있었습니다.
사람들이 모인 곳에는 가려 하지 않았던 사내가

무리가 있는 곳으로
놀림감이 되었던 짧은 다리로 달려가고 있었습니다.
그에게 그것은 대단한 결단이었습니다.
그는 어려서부터 키가 작았고
방임된 아이였습니다.
늘 그늘진 곳에 웅크리고 있던 아이였습니다.
어른이 된 후에도 그는 '천한 세리'라며
손가락질 받았습니다.

검은 인물은 그에게
스스로가 무가치하고 비천하다고 생각하게 했습니다.
꽤나 잘나 보이는 남들과
볼품없어 보이는 자신을 비교하며
주눅 들게 했습니다.
그는 자신감 없고 소극적인 사람이 되었습니다.

어느 날 그는 그리스도가 오셨다는 소문을 들었습니다.
세리와 죄인의 친구라는 예수를 보고 싶어졌습니다.
그러나 검은 인물이 그의 발목을 잡아당겼습니다.
'부끄럽지도 않아? 남 앞에 나서지 않는 게 좋아.'
그는 선택해야 했습니다.

그 사내는 자기 자신을 그대로 드러낼 용기를 선택했습니다.

그는 돌무화과 나무로 기어올라갔습니다.

열등감을 떨치고 일어설 것인가?
열등감에 사로잡혀 머물러 있을 것인가.
우리 곁에도 검은 인물이 웅크리고 있다면,
'사람들에게 멸시를 당하느니 그냥 있는 게 편해'
라며 우리를 주저앉히려 할 것입니다.
스스로 담을 쌓고 그 안에 자신을 가두라고 할 것입니다.
자, 우리는 어떤 선택을 해야 할까요?

키가 작은 사내는
열등감을 과감히 떨치고 일어서 달렸습니다.
우리도 함께 달려보는 것이 좋을 것 같습니다.
그렇지만 키 작은 사내의 선택은 얼마가지 않아
벽에 부딪혔습니다.
그를 미워하고 소외시켜왔던 키가 큰 사람들이
앞을 가로막고 억센 팔로 그를 밀어냈습니다.
어느새 따라온 검은 열등감이 우리를 비웃습니다.
'글쎄, 너는 안 된다고 했잖아.'
'너는 안 된다니까!'

키가 작은 사람은 자신을 감추려고 하지 않았습니다.
키 큰 방해자들 앞에서 방어하려고도 하지 않았습니다.

포기해버리라고 부추기는 검은 인물을
팔꿈치로 밀쳐버렸습니다.
그는 자신의 열등감에게 단호히 말했습니다.
'그래, 나는 키도 작고 나쁜 세리다. 그렇지만 못할 것은 없지.'
그 사내는 자기 자신을 그대로 드러낼 용기를 선택했습니다.
그는 돌무화과 나무로 기어올라갔습니다.
혹시 우리가 나무에 오르는 그를 보고 채신없다고 한다면
우리 곁에 아직 열등감이 숨어 있는 것입니다.

예수님이 나무에 올라간 사내를 쳐다보셨습니다.
그 많은 군중 속에서 예수님은 그의 이름을 부르셨습니다.
"삭개오야."
가슴이 떨리지 않습니까?
'못난 삭개오보다는 내가 그래도 낫지.'
은근히 비교하며 그를 무시하지 않았습니까?
그 못나고 못된 삭개오를
예수님이 선택하시고 그의 이름을 부르시다니요!
검은 인물은 검은 천을 벗어버리고
삭개오에게서 도망쳤습니다.
그의 용기 있는 선택은 그를 선택받게 했습니다.
그는 자신을 사랑하는 법을 배웠습니다.

자, 이제는 우리도 열등감을 떨쳐버려야 하지 않을까요?

누구도 완벽하게 창조되지 않았습니다.
각자 독특하게 창조되었을 뿐입니다.
우리가 열등에 조종당하는 것은
우리 스스로 들이대는 '비교의식'이라는 잣대 때문입니다.
외모든, 능력이든, 재능이든
어떤 것이든 주눅들 필요가 없습니다.
자신이 스스로를 열등하다고 느끼는 것 외에는
문제가 없기 때문이지요.
검은 천의 열등감이 무어라고 속삭여도
우리는 존귀하고 독특한 존재입니다.
삭개오의 이름을 부르신 예수께서
우리의 이름도 부르고 계십니다.

우월하다고 작은 자를 밀치는 저 키 큰 자들을 보십시오.
그들의 우월감은 또 다른 열등감의 모습입니다.
다만 그들은 자신에게 슬그머니 붙어 있는 열등감을
의식하지 못하거나 인정하지 않을 뿐입니다.
당신에게 살짝 귀띔해줄 것이 있습니다.
95퍼센트 정도의 사람들 곁에

열등감이 숨어 있다는 것입니다.

인간은 타락한 존재로 태어나기에

열등감을 느낄 수밖에 없다고 하지요.

이제 자신의 열등감에 대해 편안해지셨나요?

편안한 마음으로 자신의 부족과 결핍을 받아들이고 있다면

우리도 삭개오처럼 열등감을 떨쳐버리는

선택을 한 거겠지요.

삭개오의 집에 유하셨던

예수님이 우리의 집에도 함께하시는 축복이 있기를.

#13

분노의 세 가지 선택

가슴속의 불덩어리

"가슴에 납덩어리 하나가 달린 것 같아요."

"불덩이가 가슴에서 올라오는 것 같습니다."

납덩이같이 무겁게,

불덩이같이 열이 나게 하는 분노는

때로 폭풍과 같이 마음을 헤집어놓기도 하지요.

분노로 인하여 사람들은 화병을 달고 살기도 하고

언제 폭발할지 모르는 감정의 폭탄을 안고 살기도 합니다.

분노가 죄악시되어 표현되지 못하면 '한'이 되기도 하지요.

우리가 살면서 억울한 일을 당해보지 않고

주저앉고 싶은 좌절감과 원한도 경험해보지 않았다면
감사하게도 평이한 삶을 살아온 셈이지요.
분노는 위험한 감정이지만 무시될 수도 없는 감정입니다.
'자기 보존의 감정'이기도 하기 때문이지요.
사람은 자신의 가치와 신념과
본능적인 욕구를 지키려고 합니다.
누구나 무시당하거나 부당한 취급을 받거나
상처를 받는다면
참을 수 없는 분노가 생기는 거지요.
분노가 생각 속에 독사같이 똬리를 틀면
그것이 독이 되어
어떤 모습으로든 자신과 상대를 해치는 선택을 하게 합니다.

분노에 휩싸인 한 집안의 이야기가 있습니다.
야곱의 외동딸 디나가 이방 땅의 추장인 세겜에게
겁탈을 당했습니다.
야곱의 집안 식구들은 근심과 분노로
머리를 쥐어뜯었습니다.
야곱의 두 아들 시므온과 레위의 분노는
다른 형제보다 더 극렬했지요.
그들은 세겜이 디나를 창녀같이 대우한 걸로 해석했습니다.

분노를 행동으로 옮기느냐 마느냐의 선택은
사건에 대한 해석에 달려 있지요.
시므온과 레위는 '너 때문이니까 너는 죽어 마땅하다'라는
타학적인 분노로 세겜과 그 성의 모든 사람들을 죽였습니다.

우리도 시므온과 레위같이 분노할 수 있지요.
남의 잘못을 확대해석하고 불같이 화를 낼 수 있습니다.
소리치고 욕하고 싸우며 화를 키우기도 합니다.
분노는 낼수록 멈출 수 없는 난폭성을 갖고 불타오릅니다.
자신과 주변까지 불태워버리는 무서움을 갖고 있는 거지요.
타학적인 분노는 심장병에 걸리게 할 확률을
두 배로 높인다고 하지요.
혈압을 올리게도 하고
남보다 20퍼센트나 더 빨리 죽게 하는 독성도 있답니다.
우리도 조심해야 할 것 같지 않습니까?

야곱의 나머지 아들들은
그 성의 부녀자들과 자녀들을 사로잡고
노략질하는 데 그쳤습니다.
그들은 분노를 인해 자신이 상처 받지 않으려고 했지요.
자신의 가치나 욕구나 신념을 보존하려는

선택을 했던 겁니다.
그들은 시므온과 레위의 행동에 대해서는
찬성하지 않았습니다.
'그렇게 죽일 것까지는 없잖아.'
그들은 비난을 적게 받는 '수동 공격'을 선택했던 것이지요.

만약 우리가 수동 공격으로 분노를 나타내고 있다면
권위를 가진 사람에 대해서 불만을 갖고
겉으로는 드러내지 않으면서
뒤에서 은근히 괴롭힐 수도 있지요.
상대에 대해 침묵하거나 고집을 피우거나 무시하고
화가 난 척을 하고 그 앞에서 신세를 한탄하기도 하지요.
게으름을 부리고 약속을 어기며
상대의 분노를 더 자극할 수도 있습니다.
권위를 가진 사람들이 뒤통수를 맞을 것 같군요.

야곱은 분노를 '자학적'으로 처리할 수밖에 없었습니다.
가족의 보호를 위해 주변과 불화해서는
안 된다고 생각했던 것이지요.
시므온과 레위의 행동이 자신을 욕먹게 하고
화를 입게 했다고 했습니다.

우리는 감정이 훈련받아야 한다는 것을 모르고 삽니다.

믿음의 용사로 우리의 성을 지키려면

우리도 훈련을 받아야 하지 않을까요?

그는 주변 사람들이 두려워
그들의 느낌과 반응에 예민했습니다.
자신의 분노를 나타나지 못하도록 억압했습니다.
그는 자신의 내면을 무시하고 스스로 둔감하게 했던 거지요.

만약 우리가 야곱과 같이
자학적으로 분노를 처리하고 있다면
갈등이 무서워서 자기 감정을 숨기고 있을 수 있습니다.
분노에 차 있으면서도 "나는 화나지 않았어"라고
하는 거지요.
극단적 행동이나 과도하다고 느껴지는
모든 것들을 피하기도 합니다.
결정을 못 내리고
내 생각은 가치가 없다고 생각할 수도 있지요.
스스로의 발전이나 성장은 포기하는 게
편하다고 생각하기도 하구요.
억누른 분노로 감정의 벽을 높이 쌓고 있는 겁니다.

우리는 어떤 방법으로든 분노를 표현하며 삽니다.
분노는 피한다고 피할 수도 없는 것이고
표현해도 개운치 않은, 정말 어려운 감정이지요.

분을 내지 않는 것이 시험에 빠지지 않는 최선이라고 하지만
어쩌겠습니까, 꼭 시험에 빠지게 하는 것을.
내 앞에 놓인 사람이나 문제가 도전을 해오니 말입니다.
분노를 다스리는 것이 얼마나 어려우면
성경에도
"노하기를 더디하는 자는 용사보다 낫고
자기의 마음을 다스리는 자는
성을 빼앗는 자보다 낫다"라고
했겠습니까?

믿음의 용사로 우리의 성을 지키려면
우리도 훈련을 받아야 할 것 같지 않습니까?
우리는 감정이 훈련받아야 한다는 것을 모르고 삽니다.
그러나 분노와 같이 위험한 감정은
감정을 더디하는 법이나 다스리는 법을 훈련해야 합니다.
분노 인식하기, 자제하기, 담담하게 표현하기,
원인 살펴보기, 용서하고 잊어버리기 등을 말입니다.
그러나 가장 중요한 한 가지를 잊어서는 안 됩니다.
성령님을 의지해야 한다는 걸 말입니다.
우리는 이미 우리의 한계를 깨닫고 있으니까요.

훈련을 제대로 받지 않으면
아무 때나, 아무 사람에게나, 아무 곳에서나
안전핀이 뽑힌 수류탄처럼
주변의 사람을 상하게 할지도 모릅니다.
우리의 분노는 늘,
'나는 피해자이고 너는 가해자'라고 생각하는 데
있기도 한 것 같습니다.
그렇지만 상대 쪽에서 보면
우리가 가해자일 수도 있지 않을까요?

땅에서의 선택

동굴 속에 갇힌 정욕

이 땅에 살면서 우리가 결정하는 선택의 조건이 있다면
그것은 무엇일까요?
어린아이들에게 무언가를 고르라고 하면
큰 것, 예쁜 것, 먹고 싶은 것, 자랑할 것을 고릅니다.
첫 여자 하와가 선악과를 선택한 조건이
지금을 사는 어린아이들에게까지 작용하고 있는 셈입니다.
먹음직하고 보암직도 하고
지혜롭게 할 만큼 탐스러운 것들은
언제나 우리의 구미를 당깁니다.

사람들의 선택의 기준은 어떠합니까?
이것저것 따져 보아도
결국은 육신의 정욕과 안목의 정욕과 이생의 자랑을
선택에서 제외할 수 없겠지요.
할 수만 있다면 내 눈에 보기 좋고
내가 즐길 수 있고, 향락을 누릴 수 있고,
정욕을 채울 수 있다면
그보다 좋은 것이 있겠느냐고
그러기 위해 성공하려 하고 돈을 벌려 하고
명예를 가지려는 것이 아니냐고 반문할 수도 있겠지요.
아니면 골치 아픈 생각은 딱 질색이니
쓸데없는 소리는 하지 말라고 대답할 수도 있을 겁니다.
그런데 우리는 육체로만 지어진 존재가 아닙니다.
우리는 영적인 존재로 지음을 받았습니다.
그러기에 우리가 기준으로 하고 있는 육체적인 것들은
우리를 피폐하게 할 수도 있지 않을까요?

세상의 기준을 좇아 땅을 선택했던 롯의 이야기가 있습니다.
각자 소유가 많아진 아브라함과 롯은 헤어지기로 했습니다.
아브라함은 조카 롯에게 먼저 땅을 선택하라고 했습니다.
롯은 눈을 들어 땅을 바라보았습니다.

롯이 눈독을 들인 땅은
겉으로는 애굽 땅과 같이 보기에 좋았습니다.
그가 선택한 땅은
세속적인 향락과 죄악의 상징인 땅이었습니다.
뚜렷한 삶의 목적이나
하나님 자녀로서의 소명 의식이 없었던 롯은
영원한 것보다 일시적인 쾌락을 선택하기로 했습니다.

롯은 더 갖고 싶고, 더 즐기고 싶은 욕심으로 선택한 땅에서
도둑들에게 오히려 재물을 노략당했습니다.
자신도 사로잡혀 끌려다니기도 했습니다.
만약 우리가 향락과 정욕을 선택했다면
우리도 모르는 사이에 많은 것들을 노략당하고
있는지도 모릅니다.
특히 주의할 것은 우리 자신까지도
그것들에 사로잡혀 끌려다니고 있는지도
모른다는 것이지요.
롯은 '이렇게 살아서는 안 된다'라고 생각했지만
소돔의 안락한 생활과 소유를 버리지 못했습니다.
정욕과 쾌락의 유혹에 한 번 빠지면 헤어나오기가
쉽지 않기 때문이지요.

삶의 목적이나 뚜렷한 소명에 대한 의식이 없으면
탐욕이나 쾌락에 중독되기 쉽습니다.

다행히 롯에게는 신실한 믿음의 아브라함이 있었습니다.
아브라함은 조카 롯을 향한
마음의 끈을 결코 놓지 않았습니다.
아브라함은 롯에게 긴급히 소돔의 멸망 소식을 알렸습니다.
롯은 딸들과 결혼할 사위들에게 하늘의 심판을 알렸습니다.
사위들은 농담하지 말라고 했습니다.
우리는 어떠합니까?
심판에 대한 이야기가 농담처럼 들립니까?
그렇다면 우리도 이미 소돔의 쾌락에 빠져 있는지 모릅니다.
아브라함의 기도로 겨우 목숨을 건진 롯은
아내와 두 딸과 다른 성읍으로 도망치기 시작했습니다.
그들은 뒤를 돌아보아서는 안되었습니다.
정욕과 재물과 쾌락에
더 이상 미련을 두어서는 안되었습니다.
하지만 욕심에 대한 집착을 버리지 못한 롯의 아내는
뒤를 돌아보았습니다.
그녀는 소금 기둥이 되었습니다.

현대를 사는 우리는
이 이야기를 듣고도 정말 무서운 농담을 하는군요.
소금 기둥이 될 때 되더라도

정욕과 쾌락 속에 한 번 살아보고 싶다고 말입니다.
모든 것을 잃고 두려움에 떨며 동굴 속에 들어가 살아야 했던
롯의 이야기를 듣고도 말입니다.
이 땅에는 먹음직하고 보기에 좋고
지혜롭게 할 만큼 탐스러운 것들로 가득 차 있습니다.
사람들은 그것들에 목을 매고 살아갑니다.
그것들이 자신을 사로잡고 소금 기둥이 되게 한다 해도
보기에 에덴 같은 소돔 땅을 차지하려
발버둥을 치며 살아갑니다.
그만큼 세상의 정욕은 끈질긴 유혹으로 인간을 조종합니다.

무서운 탐욕과 정욕의 함정에 빠지지 않으려면
어떻게 해야 할까요?
'나는 왜 이 땅에 태어났는가?'
'이 땅에서 내가 할 일은 무엇인가?'
여기에 대답할 수 있을 때 해결되는 게 아닐까요?
삶의 목적이나 뚜렷한 소명에 대한 의식이 없으면
탐욕이나 쾌락에 중독되기 쉽습니다.

롯이 스스로 소돔과 고모라를 선택했을 때
아브라함은 자신의 선택을 하나님께 물었습니다.

하나님은 기꺼이 아브라함의 선택을 주관하셨고
그는 하나님이 지시하시는 땅으로 갔습니다.
아브라함이 그곳에서 처음으로 한 일은
하나님을 위하여 제단을 쌓는 일이었습니다.
그는 이 땅에 태어난 목적이
육신의 정욕과 안목의 정욕과 이생의 자랑을
좇는 일이 아니라는 것을 알고 있었습니다.
'이 세상도 그 정욕도 지나가되 오직
하나님의 뜻을 행하는 자는 영원할 것'임을
그는 알고 있었습니다.
아브라함의 성공은 자신의 선택을 하나님께 맡기고
그분에게 받은 삶의 목적과 부르심에 합당하게
살았기 때문이 아닐까요?

#15

낙심의 길에서의 선택

절벽으로 떨어진 마음

사람들의 착각 중 하나는
낙심할 일이 자신에게는 일어나지 않을 것이라는 겁니다.
기대한 노력과 열정을 배반하는 결과가
나타날 것이라고는 예상하지 못합니다.
그러기에 '왜 내게? 왜 이런 일이?'라고
충격을 받게 되지요.
그러나 인생은 자신의 뜻대로, 바라는 대로, 원하는 대로
그렇게 순탄한 길로만 우리를 인도하지는 않습니다.
우리도 때로 낙심으로 좌절의 자리에 주저앉기도 합니다.
낙심으로 마음이 낭떠러지로 떨어지기도 하고

삶의 방향을 유턴하기도 합니다.
우리는 그렇게 살아가고 있습니다.

낙심의 길을 걸어본 적이 있나요?
앞이 보이지 않는 어둠의 길을 헤매고 다닌 적은 없나요?
자기 연민에 빠져 지나온 날들을 후회하며
'다 내 잘못이다'라고 자책하면서 말입니다.
'모든 것이 끝났다'라고 생각하며
현실을 떠나 멀리 안개 속으로 빨려들어가고 싶은
그런 적은 없나요?
낙심의 길은 몸으로도 걷는 길이지만
마음으로도 걷는 길입니다.
몸이 낭떠러지에 떨어져 일어설 수 없을 때
우리는 마음으로 그 길을 가기도 합니다.
낙심은 상황의 문제가 아니라 마음의 문제이기 때문이지요.

낙심의 길을 걷는 두 사내가 있었습니다.
이제는 꿈도 기대도 삶에 대한 소망도 사라져버렸습니다.
그들에게는 동행자가 있다는 것이 그나마 큰 위로였지요.
그들은 민족을 구원해줄 것이라고 믿었던 선지자를
열심을 다해 믿고 따랐습니다.

그러나 그들의 믿음은 그 선지자와 함께
십자가에 못 박혔습니다.
불타던 삶의 의욕은 잿더미가 되어버렸습니다.
만사가 무의미해졌고 무기력에 손발이 풀려버렸습니다.
낙심의 자리에서 그들은 선택해야 했습니다.
모든 것을 버리고 낙향할 것인가,
아니면 다시 한 번 기대와 희망을 가져볼 것인가?
여자들이 새벽에 그 선지자의 무덤에 갔다가
선지자가 살아난 것을 보았다고 했지만
그들은 믿지 않았습니다.
자신의 그릇된 선택 때문에 실패했다고 생각한 그들은
자신의 판단을 믿을 수 없게 되었습니다.
자신을 믿지 못하는 사람은 남도 믿을 수가 없습니다.

그들은 낙향의 길, 엠마오를 향해 황혼 속을 걸었습니다.
어두워지는 밤을 향해 걸어가는 그들에게
삶은 슬픔과 실의의 어둠으로 빛을 등지고 있었지요.
그들은 슬픈 빛을 띠고
지나간 일들을 이야기하며 걸었습니다.
낙심한 사람들은 앞을 보지 못하고 뒤를 돌아볼 뿐이지요.
지나간 일들에 연연하여 과거를 말하고

현재에 회의를 갖습니다.

“이랬는데, 왜 이런 일이 일어난 것일까?”

그들은 상황에 대해 계속 질문을 던졌습니다.

그리고 자기 연민에 빠져 있었습니다.

낙심은 자기 연민으로 자기의 슬픔과 괴로움에만

집중하게 합니다.

주변을 돌아볼 눈을 가립니다.

우리도 낙심으로 ‘홀로’라는 생각을 하고 있을지도 모릅니다.

아무도 나를 이해하지 못하고

아무도 실패한 나를 사랑하지 않는다고 생각할지 모릅니다.

그러나 우리의 눈이 낙심에 가려져 있을 뿐입니다.

우리가 낙심해 있을 때 함께 걷는 사람들이 있습니다.

낙심한 수많은 사람들이 자기의 십자가를 지고

우리를 스쳐가고 있습니다.

서로가 자기 연민으로 눈이 가려 ‘홀로’만 보면서 말이지요.

그러나 예상치 못했던 또 한 동행자가 바로 곁에 있을 겁니다.

엠마오로 가던 두 사람 곁에도

그분이 계속 동행하고 계셨습니다.

낙심한 그들이 눈치채지 못했지만 말입니다.

“무슨 일이냐?”

동행자가 그들에게 물었습니다.
"그 일을 혼자만 알지 못하고 있나요?"
두 사내가 되물었습니다.
낙심한 사람들은 자신이 낙심한 이유를
주변 사람들이 다 이해해주고
공감해주어야만 한다고 생각합니다.
그들은 동행자에게 낙심의 이유를 이야기했습니다.
자신들이 신뢰했던 이스라엘을 속량할 선지자가
죽은 지 사흘이 되었다고 했습니다.

사실 그들을 낙심케 했던 것은
세상적인 기대와 열정과 노력이
성과를 거두지 못했다는 거였습니다.
성공에 눈이 가려졌던 그들은
메시아를 제대로 알지 못했던 거지요.
성공에 도움을 될 말과 일에 능한 선지자라고만
알고 있었던 겁니다.
동행자는 그들에게
'메시아의 고난과 영광의 비밀'에 대해 들려주었습니다.
말씀을 듣고 그들의 눈이 밝아지자
동행자가 예수님이심을 알게 되었습니다.

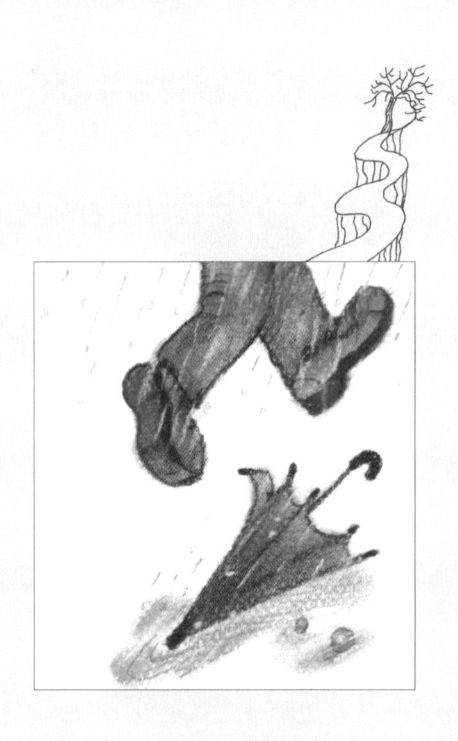

도전의 성패가 이제는 그들에게 아무 의미도 없었습니다.

그들의 가치관이 변했기 때문이지요.

그들은 죽음에서 부활하신 예수님을 만났습니다.
그들은 자신들의 뜻과 하나님의 뜻이 달랐음을
깨닫게 되었습니다.
자신들의 낙심이 영광으로 가는 길이었음을
알게 되었습니다.

그들에게 다시 선택의 기회가 주어졌습니다.
새로운 사역을 할 수 있는 예루살렘으로 다시 돌아갈 것인가,
낙향의 길, 엠마오의 길을 계속 걸어갈 것인가?
다시 돌아간다면 낙심할 수많은 일들을
만날지도 모릅니다.
그러나 낙심에 함께할 구원자 그리스도의 동행을
믿게 되었습니다.
죽음으로 다시 사는 부활의 영광도 알았지요.
새로운 사명에 대한 도전이 삶의 소망으로 손짓을 했습니다.
도전의 성패가 이제는 그들에게 아무 의미도 없었습니다.
그들의 가치관이 변했기 때문이지요.
그들은 낙심을 받아들이는 쪽을 선택했습니다.

우리가 어떤 선택을 하더라도 그것은 자신의 몫입니다.
다만 우리에게 낙심의 상황이 또 온다 해도

우리와 동행하시는 예수님과

함께하는 동행자들이 있다는 것을 기억한다면

낙심이 우리를 외로움과 파멸의 길로

몰아넣을 수는 없지 않을까요?

#16

탐욕을 이기는 선택

나귀에게 당한 망신

우리는 우리가 가진 것보다 더 많은 것을 가지고 싶어 합니다.
옷장에 옷이 가득해도 옷이 없다고 또 옷을 사기도 하고
냉장고의 음식이 썩어나가도 또 시장에 갑니다.
이웃집에서 가구를 바꾸면 나는 더 좋은 것을 사야 잠이 오고
꽤나 잘 사는 친구와 끝없이 비교하기도 합니다.
가지면 가질수록 더 갖고 싶은 것이 사람의 본능이지요.
그것은 만족할 수 없는 갈증이고
충족되지 않는 소유욕입니다.

그러나 그것은 너무 달콤한 유혹으로 눈웃음을 칩니다.

더 가질 것인가, 참을 것인가?
수시로 우리는 이 선택의 문제 앞에서 망설이게 됩니다.
'에라, 모르겠다' 하고 카드를 긁든지
참고 돌아서면서 신세한탄을 하든지.
이런 이야기들은 소시민이 갖는,
어찌보면 소박한 욕심입니다.
그런데 남보다 더 많이 가진 사람이 가질수록
더 가지려는 마음,
만족할 수 없고 절제할 수 없는 소유욕이라면
그것은 탐심입니다.

우리는 탐심을 인간이 가질 수 있는
보편적인 감정으로 받아들여 너그럽게 이해합니다.
그런데 "욕심이 잉태되면 죄를 낳고 죄가 장성하면
사망을 낳는다"라는 말씀에 정신이 번쩍 납니다.
욕심 때문에 죽기까지 한다니 과한 표현일까요?
'탐심이 일만 악의 뿌리'라는데,
탐심 때문에 부모까지도 죽이는 세상입니다.

가진 것이 넘치는 데도 탐심을 부린
꽤 유명한 사람의 드라마틱한 이야기가 있습니다.

그는 돈도 명예도 얻을 만큼 얻은 사람이었지요.

그런 그에게 어느 날 구미가 당기는 유혹이 왔습니다.

하나님의 백성을 저주하면

엄청난 명예와 부를 주겠다는 것이었지요.

부귀와 명예로 하나님까지 움직일 수 있으리라는

오만한 대적자들의 제안이었습니다.

그 제안이 하나님의 뜻이 아님을

발람은 알고 있었습니다.

그러나 그의 뿌리 깊은 욕심은

제안자들에게 틈을 보이고 말았습니다.

그는 유혹자들을 자신의 집에 유숙하게 했습니다.

죄가 마음속에 침입하기 전에 등을 밀어 내보내고

문을 닫아버려야 하는데도 말입니다.

그는 죄의 한 발을 슬그머니 안방에 들여놓게 했습니다.

탐욕이 그의 마음에 이미 잉태되었던 것이지요.

그는 하나님의 뜻이 변경될지도 모른다고 생각했습니다.

분명한 하나님의 뜻을 자신의 뜻에 맞춰

애매하게 만들었습니다.

우리도 이따금 이런 짓을 하지요.

하나님께서 성경 말씀으로 아니라고 하셔도

자기 뜻에 하나님을 맞춰서
하나님의 뜻인 양 신앙의 교만을 부립니다.
자신의 마음의 소리를 하나님의 음성으로 듣기도 하지요.
발람의 마음에 탐욕이 잉태된 것을 안 유혹자들은
점점 더 큰 재물과 명예를 주겠다고 끈질기게 유혹했습니다.
이미 탐욕에 가득 찬 발람을 보고 계셨던 하나님은
그의 뜻대로 유혹자들을 따라가기를
허락하시는 듯 했습니다.
발람은 자신의 소유가 될 엄청난 재물과 명예에 흥분하여
나귀에게 안장을 지우고 길을 떠났습니다.

그런데 갑자기 나귀가 안하던 짓을 했습니다.
길에서 벗어나 밭으로 들어가기도 하고
몸을 담에 대어 발람의 발을 짓누르기도 했습니다.
발람은 자신의 탐욕을 쳐야 할 채찍과 지팡이로
충직한 나귀를 채찍질하고 때렸습니다.
납작 엎드려 있던 나귀가 말을 하기 시작했습니다.
"나를 왜 때리느냐? 나에게 이런 버릇이 있었느냐?"
나귀의 항의에 번쩍 뜬 발람의 눈에
비로소 자신의 탐욕의 길을 막고 선
여호와의 사자가 보였습니다.

탐욕에 눈이 먼 발람은
눈 밝은 나귀 덕분에 살아남았습니다.

사람들에게는 일이 잘 되고 있다고 생각하면
더 크게 사업을 벌이고 싶고
높아질수록 더 높아지고 싶고
가질수록 더 갖고 싶어 하는 욕망이 있습니다.
백 마리 양의 주인이
한 마리 양을 가진 사람의 것을 빼앗고 싶어 하고
엄청난 포도밭을 가진 왕이
나봇의 작은 포도밭을 빼앗고 싶어 하고
아간처럼 허락되지 않은 재물을 장막 밑에 숨기고 싶을 때
우리는 잠시 나귀의 등에서 내려
내가 선택한 길을 돌아볼 필요가 있지 않을까요?

만약 우리가 길 아닌 험한 곳을 가게도 되고
담장에 내 발을 짓이겨 더 이상 앞으로 나갈 수 없게 될 때
말 못하고 사는 사람들에게 책임을 돌리고
채찍질을 해대고 싶을 때
탐욕에 장님이 된 내 눈의 책임을
충직했던 사람들에게 돌리고 싶을 때

탐욕을 거절할 줄 아는 사람은

나귀의 등에 올라타는 선택을 하지 않습니다.

하나님의 사자가 내가 가고 있는 길을
막아선 것은 아닌지,
내가 어떤 길을 선택하기 원하시는지
생각해보아야 할 것 같지 않습니까?
탐욕을 선택하지 않는 사람은
남의 소유와 내 것을 비교하지 않습니다.
그들의 가장 큰 미덕은 자족하는 마음입니다.
주신 것에 감사하는 풍족한 마음에
탐욕이 발을 들여놓을 수 없지요.
탐욕을 거절할 줄 아는 사람은
나귀의 등에 올라타는 선택을 하지 않습니다.

아간이 자기 장막에 감춘 아름다운 외투 한 벌과
은 덩어리 하나와 금덩어리 하나의 탐욕이
자신의 사랑하는 가족과 모든 소유들까지
매장시켰습니다.
어차피 인생의 끝에 우리가 소유할 땅은
내 무덤 한 평이 아니겠습니까?
나귀가 아니라도 당신의 애완견이 어느 날 입을 열어
당신의 탐욕을 책망하는 망신은 당하지 않으시길.

#17

쓸데없는 염려의 선택

키를 한 자나 더 크게 할 수 있느냐?

살면서 어떤 생각에 매여
자꾸 신경을 쓰고 속을 썩이고 있지는 않습니까?
마음을 놓지 못하고 안달하고 있지는 않습니까?
우리를 소심하게도 하고 두렵게도 하는 것,
지나간 과거를 끌어와 힘들어하게도 하고
현재를 조급하고 우울하거나 무기력하게도 하는 것,
미래까지 미리 당겨서 더 불안을 키우기도 하는 것.
우리는 이따금 이렇게 말합니다.
"그 생각만 하면 애가 타 죽겠어."
"그것 때문에 뼈가 마르는 것 같아."

진드기와 같은 이것이 무엇일까요?

이제 그 답이 나온 것 같습니다.
그것은 우리가 일상에서 반복하고 있는 '염려'입니다.

사람들은 염려를 기질 중 하나라고도 합니다.
그런데 염려가 '선택'이라는 것을 알고 계십니까?
반복되는 염려의 선택은
'염려가 많은 인격의 사람'을 만든다고 합니다.
우리의 선택 중에 염려야말로 쓸데없는 선택이 아닐까요?

쓸데없는 염려로 쓸데없는 짓을 한 사람들이 있었습니다.
이스라엘 백성이 광야에서 배불리 먹지 못한다고 불평하자
하나님은 저녁에는 메추라기,
아침에는 만나를 내려주셨습니다.
많이 거둔 사람도 남음이 없고
적게 거둔 사람도 부족함이 없었지요.
만나는 매일 각 사람이 먹을 만큼만 거둘 수 있었습니다.
내일 만나는 내일 주시겠다는 거지요.

모세는 백성에게 말했습니다.

"아무든지 아침까지 그것을 남겨두지 말라."
그렇지만 사람들은 내일의 양식이 염려되었습니다.
염려하는 사람들은 앞에 보여야만 하고
쌓아 두어야만 안심이 되니까요.
'내일 만나가 내리지 않을 수도 있잖아.'
'조금 남겨 놓아야 우리 식구가 배불리 먹을 수 있지.'
그들은 애써 만나를 남겨두었지만 쓸데없는 짓이었지요.
남겨둔 만나에 벌레가 생기고 냄새가 나서
버릴 수밖에 없었으니까요.

모세는 여섯째 날에는 갑절로 거두라고 했습니다.
다음날은 안식일이니 아침까지 두어도 된다고 했습니다.
안식일에는 만나가 내리지 않는다고 했지만
사람들은 내일의 만나를 믿을 수가 없었습니다.
쓸데없는 의심과 염려에 만나를 거두러 나갔던 그들은
빈손으로 돌아왔습니다.
모세는 그들의 불순종에 노했습니다.
염려의 의식 밑바닥에 불신앙이 자리 잡고
있었기 때문이지요.
매일의 만나를 주실 것을 믿지 못하고
염려하는 것은 불신앙입니다.

인간의 가장 기초적인 욕구는 의식주의 욕구입니다.
그러므로 무엇을 먹을까, 무엇을 마실까,
무엇을 입을까를 염려합니다.
그런데 하나님께서는
"이 모든 것이 너희에게 있어야 할 줄을 알고 있다"라고
하셨습니다.
얼마나 다행한 일입니까?
아버지되신 하나님이 가족의 필요를 아시고
부양하시겠다니 말입니다.
염려는 하나님의 능력과 보호하심을 의심하는 것이지요.

염려는 생각의 선택입니다.
염려는 염려하기로 작정하는 것을 선택하는 겁니다.
염려는 있지도 않을 일까지 걱정하는
어리석은 선택을 하게도 합니다.
우리는 병에 걸릴 것, 늙는 것, 죽음까지도
미리 앞당겨 염려합니다.
병에 걸려 염려하는 것보다
염려로 병에 걸리는 일이 더 많습니다.
늙는 것, 죽는 것에 대한 염려는
우리의 권한 밖의 일인데도 말입니다.

염려는 생각의 선택입니다.

어느 것을 선택하느냐는 우리에게 달려 있습니다.

염려해야 할 것이 있다면
그것은 백 가지 중 하나에 불과합니다.
"누가 염려함으로 그 키를 한 자라도 더할 수 있겠느냐?"
우리는 우리가 할 수 없는 것까지 붙들고
기뻐해도 좋을 시간들을 염려로 망치고 있는 것이지요.

굳이 염려를 하겠다는 사람들에게
예수님은 사물을 실물교재로
사용하시는 교육법을 쓰셨습니다.
"공중에 나는 새를 보라. 들에 핀 백합화를 보라."
심지도 않고 거두지도 않고
창고에 모아두지도 않는 새들도 먹이시고
내일 아궁이에 던져질 들풀도 아름답게 입히시는
하나님이 말씀하십니다.
"하물며 너희일까보냐 믿음이 작은 자들아."
염려와 믿음은 반비례합니다.
조지 뮬러는 말했습니다.
"믿음이 시작되는 곳에서는 염려가 사라지고
염려가 시작되는 곳에서는 믿음이 끝난다."
염려는 하나님의 사랑과 은혜를 느끼지 못하게 방해합니다.
내 삶의 주인의 자리를

하나님께 드리지 않겠다는 고집이지요.

염려는 오늘의 은혜에 만족하며
살 수 있는 시간을 놓치게도 합니다.
세상의 시간을 거의 다 보낸 어르신들에게
이런 질문을 드려보았습니다.
"가장 후회되는 것이 무엇입니까?"
"염려하며 살지 말걸 그랬어."
삶의 지혜를 세월로 터득하신 그 분들의 대답이었습니다.
일어나지도 않은 일에 대한 염려 때문에
낭비한 시간들이 아깝다는 것이었지요.
염려 때문에 기쁘게 즐길 수 있었던
시간들을 놓쳤다는 후회겠지요.

삶은 동전의 양면같이 두 면을 가지고 있습니다.
어느 면을 선택하느냐는 우리에게 달려 있습니다.
혹시 우리가 던진 동전의 한 면이
염려할 일들로 가득 차 있다면
우리는 몸을 움직여 다시 던져야 합니다.
염려는 행동하기 전에 생기는 마음의 현상이기 때문이지요.
움직이지 않고 염려만 하고 있으면 염려는 새끼를 칩니다.

염려할 나쁜 면이 나올까봐 염려가 되십니까?
벌떡 일어나 다시, 또 다시 던지십시오.
움직이지 않고 하는 좋지 않은 생각을 염려는 좋아하고
움직이는 결단과 추진력을 염려는 싫어 합니다.

"내일 일을 위하여 염려하지 말라
내일 일은 내일이 염려할 것이요
한날의 괴로움은 그날로 족하니라."
오늘은 오늘만 살기로 선택해야 할 것 같지 않습니까?
내일은 내일이 알아서 염려할 것입니다.

충동을 이기는 선택

사탄의 비밀 병기

자, 누군가 우리에게 빈 깡통을 던졌다고 합시다.
의식하든, 의식하지 못하든
사람들은 자극이 오면 어떻게 반응할 것인가를
순간 생각합니다.
깡통을 던진 사람에게 욕을 할 것인가?
같이 깡통을 던질 것인가?
왜 깡통을 던졌느냐고 따질 것인가?
도망갈 것인가?
생각의 선택에 따라 감정과 행동이 반응합니다.

그런데 우리 주변에 생각과 감정과 행동이
뒤죽박죽인 사람은 없나요?
갑자기 우리가 생각하지도 못했던 행동을 하거나
이랬다저랬다 갈팡질팡해서 정신을 혼란케 하거나
감정이 심하게 파도를 타서 주변을 불안하게 하거나
신호등의 빨간불을 무시하고 태연히 횡단보도를 건너거나
갑자기 솟는 분수의 물줄기처럼 분노를 폭발시키는
그런 사람 말입니다.
없다면 다행이지만, 우리도 방심할 일은 아닙니다.
누군가 우리를 충동질할지도 모르기 때문입니다.

생각의 여유를 갖지 않은 감정은 행동을 충동질합니다.
자, 우리를 겨냥해서 깡통을 던졌다고 생각한 그 사람은
사실 우연히 빈 깡통을 걷어찼을 뿐인데,
우리가 맞았을 수도 있지 않을까요?
참 재수 없는 일이지만 말입니다.
그런데 '기분이 나쁘다'라는 감정이
생각의 판단보다 앞섰다면
우리는 '욱' 하고 화가 나는 감정에 사로잡히게 될 것입니다.
그때 행동이 '기분 나쁘니 한 대 쳐'라며
우리를 충동질할 것이고요.

충동은 심하게 마음을 뒤흔들어놓는 강렬한 욕망이지요.
그렇지만 절제되지 않는 충동의 선택은
엄청난 대가를 치러야 합니다.
순간적인 충동을 조절하지 못하면
우리는 구치소에 앉아 있을 수도 있습니다.

충동을 조절하지 못해 불행을 자초한 왕이 있었습니다.
사울 왕은 충동을 조절할 수 있는 선택을 무시했습니다.
생각한 후 감정과 행동을
선택하는 신중성을 보이지 않았습니다.
생각을 선택할 시간을 갖기보다
행동을 선택하는 데 빨랐습니다.
충동은 행동을 절제하지 않고 폭발해버리도록 자극했습니다.
사울 왕은 충동의 선동에 끌려다녔습니다.

여인들이 자신보다 다윗을 더 찬양하자
시기심에 충동된 사울 왕은
수금을 타는 다윗을 향해 창을 날렸습니다.
순간적인 분노로
아들 요나단에게 단창을 던지기도 했습니다.
다윗을 도왔다며 제사장들과 그 가족을

순식간에 죽이기도 했습니다.
그의 행동의 기준은 죄악된 본능을
자극하는 충동이었습니다.
하나님의 기준이나 법은 그에게 철저히 외면당했지요.
하나님의 말씀에 불순종했고
율법의 규례를 따르지 않았습니다.
전쟁에 진 그는 충동적으로 자살해버렸습니다.
스스로 자초한 비극적인 삶의 막을 내렸습니다.

우리는 어떤 충동에 제일 약할까요?
누구에게나 충동에 약한 부분이 있습니다.
여인들의 생각 없는 노래는 사울의 시기를 충동시켰습니다.
백성은 '신의 소리'라는 말로
연설하는 헤롯 왕의 교만을 충동했습니다.
모세는 원망하는 백성의 분노에 충동되어
가나안에 들어가지 못했습니다.
물질에 충동된 아간은 그것을 장막 안에 감추었다가
돌에 맞아 죽었습니다.
성경에 나오는 충동에 약한 사람들의 이야기가
우리의 이야기이기도 하지 않습니까?
우리도 언제 어디서나 충동의 유혹을 받을 수 있습니다.

충동은 사탄의 비밀 병기입니다.

충동에 의한 선택을 하기 전에 잠깐 생각해보면 어떨까요?

그것은 순식간에 일을 저지르게 합니다.

사울 왕이 충동의 지배를 받았다면
다윗은 충동을 잘 조절했습니다.
사울에게 쫓기는 다윗의 선택의 기준은
늘 하나님의 시선에 있었습니다.
그에게는 집요하게 자신을 죽이려는
사울을 죽일 기회가 두 번이나 있었습니다.
신하들은 좋은 기회이니 사울을 죽이라고 충동했지요.
고단한 도망자의 삶에서 벗어나
안정을 보장받을 수 있는 기회였습니다.
이 기회를 놓치면
나그네로 떠도는 비참한 삶이 지속될 것이었습니다.
신하들은 다윗에게 사울 왕을 어서 죽이라고 충동했습니다.

다윗은 사울의 옷자락을 베고
사울의 머리 곁에 있는 창과 물병을
가져올 수 있는 거리에 있었지만
신하들의 충동에 반응하지 않았습니다.
하나님께서 기름 부으신 사울 왕을 죽일 수 없다고 했습니다.
그는 복수의 충동을 선택하지 않았습니다.

하나님은 그에게 왕의 훈련을 시키고 계셨습니다.
참다운 지도자의 큰 덕목 중 하나는
충동을 절제하는 것 아닐까요?
충동을 다스릴 줄 모르는 사람은
하나님이 원하시는 삶을 살 수 없습니다.

만일 충동에 의한 선택을 한다면
위험을 각오해야 할 것 같습니다.
충동은 죄를 짓게 하는 동기가 되기 때문이지요.
하와를 꾀었던 뱀같이
충동은 죄를 짓도록 자극하고 격동시킵니다.
생각할 시간과 절제를 막고
사건을 확대시키는 계략도 갖고 있습니다.
충동에 의한 선택은
자신이나 다른 사람을 지속적으로 괴롭힙니다.

우리는 살면서 너무 많은 충동에 노출되어 있습니다.
충동적인 분노, 충동적인 자살, 충동적인 범죄,
충동적인 구매, 충동적인 중독….
그러한 것들이 순간적으로 우리에게 날아오기도 합니다.
하지만 우연히 날아와 당신의 뒤통수를 치는 빈 깡통처럼

"재수가 없어서"라고 말할 수 있는 정도의 것이 아니지요.
한 번 충동에 휩싸이면 토네이도의 소용돌이와 같이
우리의 모든 걸 날려버릴 수도 있음을
생각해야 하지 않을까요?

충동은 사탄의 비밀 병기입니다.
충동에 의한 선택을 하기 전에 잠깐 생각해보면 어떨까요?
30분만, 20분만… 단 5분 만이라도.
충동은 강력하고 조급하게 우리를 몰아부치니까요.

자, 우리는 사탄의 비밀 병기에 대적하기 위해
하나님의 전신갑주를 입어야 할 것 같습니다.

미련한 자의 선택

새끼 빼앗긴 암곰 같은 사람

산길을 가다가 새끼 빼앗긴 암곰을 만났다면 어떨까요?
생각만 해도 아찔하지 않습니까?
새끼를 빼앗긴 암곰의 분노에서 빠져나올 사람이
과연 있을까요?
갈기갈기 찢기는 참혹한 일을 당할 것 같습니다.
그런데 잠언은 새끼 빼앗긴 암곰보다도
만나지 말아야 할 사람이 있다고 가르칩니다.
"차라리 새끼 빼앗긴 암곰을 만날지언정
미련한 자를 만나지 말 것이니라."
인간은 관계를 맺으며 살아야 합니다.

그런데 만나지 말아야 할 사람이 있다는 것입니다.
새끼 빼앗긴 암곰같이 오히려 관계를
찢어놓는 사람이 있는 것 같습니다.

미련한 왕이 있었습니다.
그 왕은 이스라엘을 두 동강으로 찢어놓았습니다.
그것은 새끼 빼앗긴 암곰을 만난 것보다
더 참혹한 일이었습니다.
솔로몬 왕이 죽자 왕좌를 물려받은 아들은
르호보암이었습니다.
그는 왕좌는 물려받을 수 있었지만
안타깝게도 아버지의 지혜를 물려받지는 못했나 봅니다.
백성은 새 왕을 찾아왔습니다.
솔로몬 왕 때 고역으로 어려웠으니
멍에를 가볍게 해달라고 했습니다.
백성은 일의 문제를 들고 왔지만
사실은 선택을 건 심각한 관계의 문제를 들고 왔던 것입니다.
왕과 백성의 관계를 맺을 것인가, 아닌가.
백성은 자신들의 고역을 이해해줄 왕을 원했던 겁니다.
관계 지속의 조건을 '공감'에 걸었던 거지요.
그러나 미련한 왕은 이런 일에 대한 문제의식이 없었고,

백성에게 둔감했습니다.

르호보암은 지혜로운 아버지를 모셨던
원로들과 의논했습니다.
원로들은 백성의 어려움에 공감하고
백성을 섬기는 자가 되어 좋은 말로 대답하면
그들은 영원히 왕을 섬기게 될 것이라고 했습니다.
관계 지속의 조건이 '섬김'이라고 조언했던 거지요.
그들에게는 사람의 마음을 읽는 지혜가 있었지만,
르호보암에게 그들의 조언은 못마땅한 것이었습니다.
왕은 섬기는 자가 아니라
섬김을 받는 자라고 생각했기 때문이지요.
그는 원로들의 말에 기분이 상했습니다.

왕은 자기와 함께 자란 젊은이들에게도 의견을 물었습니다.
젊은이들은 '솔로몬 왕보다 당신이 더 훌륭하다'라며
아부했습니다.
미련한 왕은 기분이 좋아졌습니다.
젊은 신하들은 포악하고 주제넘은 비유까지
왕의 입에 물려주었습니다.
미련한 자는 진실한 말과 거짓된 말을 기분으로 판단합니다.

내 기분에 맞으면 그것이 옳은 말이라고 생각합니다.
미련한 왕은 젊은이들의 말을 선택하기로 했습니다.

다시 찾아온 백성 앞에서 왕은 젊은이들이 시켰던 대로
오만불손하고 거만하게 전갈같은 독을 내뿜었습니다.
왕은 백성을 두렵게 해야만 자신의 권위와 자리가
지켜진다고 생각했습니다.
왕은 백성을 짐승같이 다스리겠다고 했습니다.
약한 자들은 밟으면 밟힌다는 오만한 생각을 하고 있었지요.
마음이 짓밟힌 백성은 격동했고 반란을 일으켰습니다.
'왕과 우리는 아무 상관이 없는 관계'라고 선포했습니다.
열두 지파 중 열 지파가 르호보암에게서 등을 돌렸습니다.
나라는 찢어졌고 백성은 그를 떠났습니다.
미련한 왕의 선택이 빚은 참혹한 결과였지요.

미련한 자는 새끼를 빼앗긴 암곰과 같이
관계를 찢어놓습니다.
나와 너와의 관계를 그저 가볍게 보고 우습게 여기지요.
그것은 자신을 지킬 방법을 모르는 것입니다.
미련한 자는 모든 사건이
일보다 관계의 문제라는 것을 모릅니다.

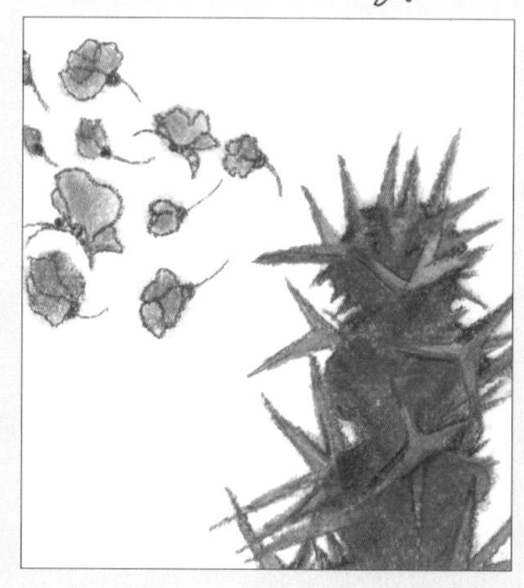

지금 있는 곳에서 자신의 자리를 지키려면

관계에 신중할 줄 알아야 합니다.

강압이 반란을 일으켜 관계를 끊어놓는다는 것을
모르는 것이지요.
그는 상대를 존중하면 지는 것이라고 알고 있었지요.
상대를 하찮게 여기고 멸시하는 오만이
득세하리라고 생각한 겁니다.

우리의 인간관계는 어떠합니까?
직장에서나 가정에서나 어딘가에서
왕 노릇 하려고 하지는 않겠지요?
이 세상 어디에도 우리가 함부로 대해도 되는 사람은 없습니다.
작은 아이라도 말입니다.
있는 곳에서 자신의 자리를 지키려면
관계에 신중할 줄 알아야 한다는 생각이 드는군요.
르호보암 왕처럼 미련한 선택을 해서야 되겠습니까?

사람의 마음을 알고 싶습니까?
내가 원하는 것보다 상대가 원하는 것이
무엇인지 보려고 하나요?
우리의 관계가 지속되는 것이
그저 만나기만 하면 된다고 생각하시나요?
어떤 관계든 노력 없는 관계는 오래가지 못합니다.

어떤 관계가 가장 어려운 관계일까요?
직장 동료? 친구? 이웃? 교회 식구?
답은 우리가 가장 편하게 여기며
함부로 양말을 벗어던지기도 하는
우리 가족입니다.
이성적인 이웃과는 결과나 남의 눈을 의식하고
행동하게 되지만
감성적인 가족의 관계는
생각 없이, 감정대로 행동하기 때문에
가장 소중한 사람들에게 가장 큰 상처를 줄 수도 있는 거지요.

아름다운 관계에서 말의 선택만큼 중요한 것은 없습니다.
전갈같이 독한 말은 상대의 마음을 찢을 뿐 아니라
자신의 마음을 찢는 일을 부릅니다.
"미련한 자의 입의 잠언은
술 취한 자가 손에 든 가시나무 같으니라."
술 취한 자가 정신없이 가시나무를 휘둘러 대면
얼마나 많은 사람이 상처를 입겠습니까?
술이 깨어 "나는 몰랐다"라는 무책임한 말로
끝날 수 있는 일이 아니라는 것을 이미 알고 있지 않은가요?
상대의 가슴에 박힌 가시를 뺐다고 해서

상처의 흔적이 없어지는 것은 아니지 않습니까?
당신의 미련한 선택은
당신의 가정과 직장과 교회와 나라까지도
찢을 수 있는 위력을 갖고 있습니다.

인생길을 가면서 새끼 빼앗긴 암곰 같은 사람은
만나지 말았으면 좋겠습니다.
우리 주변의 사람들도 새끼 빼앗긴 암곰 같은 사람은
만나고 싶어 하지 않는다는 것도 잊지 않으면서 말입니다.
우리의 관계에 축복이 있기를.

#20

숨은 교만을 찾은 선택

갑옷을 입은 자의 선택

그것은 참으로 묘하게 숨겨져

쉽게 정체를 드러내지 않습니다.

투구 속에 감추어진 얼굴처럼 가늠하기가 어렵지요.

자기 자신조차도

제 안에 있는 그것을 스스로 알기가 쉽지 않습니다.

세상에서 높임을 받는 사람일수록

찾기가 더 힘들 수도 있지요.

그것이 무엇인지 궁금하지 않습니까?

아람 왕의 군대장관이었던

나아만은 크고 존귀한 사람이었습니다.
'존귀한 자'란 '얼굴이 들려진 자'라는 의미이기도 하지요.
그러나 그는 '얼굴을 들 수 없는 사람'으로 살아야 했습니다.
나병환자였던 그의 얼굴과 몸은
갑옷 속에서 썩어가고 있었습니다.

나아만은 존경받을 만한 인물이었나 봅니다.
포로로 잡혀온 하녀까지 그의 병이 낫기를 원했으니까요.
"이스라엘의 선지자라면 주인의 병을 고칠 수 있어요."
나아만은 하녀의 말을 믿었습니다.
그는 선지자를 청할 수 있는 위치의 사람이었지만
병든 몸으로 긴 여행을 하기로 마음먹었습니다.
선지자가 있는 나라는 적국이었고
먼 길을 갈 몸도 아닌데 말입니다.

나아만은 그의 병을 고쳐달라는 왕의 편지를 가지고
많은 수행원들과 함께 이스라엘로 떠났습니다.
그는 격식과 예의를 갖추는 일이 몸에 배인 사람이었습니다.
엘리사의 집 앞에서도 그는 수레에서 내려
겸손히 문 앞에 섰습니다.
그러나 벗은 발로 달려나올 줄 알았던 엘리사는

나와보지도 않고 종을 보내 이렇게 전했습니다.
"가서 요단강에 몸을 일곱 번 씻으라.
네 살이 회복되어 깨끗하리라."

나아만에게 이런 무례한 대접을 한 사람은
아무도 없었을 것 같습니다.
그는 존귀한 사람에 맞는 대접을 받으면서
살아왔을 것입니다.
자신이 격식과 예의와 인격을 갖추었다고 생각하는 사람은
남도 나를 그렇게 대해야 한다고 생각하지요.
그에게 엘리사의 소행은 오만하고 예의 없는 것이었습니다.

나아만은 분노하며 돌아섰습니다.
나아만은 격식과 예의와 인격이라는 이름 뒤에
숨겨진 얼굴처럼 감추어져 있던 교만을 몰랐습니다.
교만은 '존귀한 자'라는 자기의식과 남들의 칭찬에 가려
정체를 드러내지 않았던 거지요.
엘리사에 대한 분노의 저변에는 교만이 있었습니다.
받아들여지지 않고 꺾인 교만이
참을 수 없어 튀어나온 거지요.
가장 먼저 튀어나온 교만은 도덕적 교만이었습니다.

우리에게는 숨겨진 교만이 없을까요?
'착하다는 말을 듣고 교양 있고 예의와 격식을 갖출 줄 아는
인격적인 나는 겸손하다.'
이런 생각이 든다면 조심하십시오.
우리 자신에게 실망할지도 모르니까요.
누군가 우리의 인격을 무시한다거나
자기애를 꼬집는다거나
잘난 척하는 것을 꺾으려 할 때
분노하지 않을 자신이 있나요?
'존귀한 자'라고 불리고
모든 사람들에게 그렇게 인정받았던 나아만도
참지 못했는데 말입니다.

이제 나아만의 숨겨졌던 교만이 적나라하게 드러났습니다.
나아만은 요단강에 가서 일곱 번 몸을 씻으라는 처방은
자신같이 귀한 신분에는 맞지 않는
너무 평범하고 천박하기까지 한 것이라고 생각했지요.
나아만의 지적인 교만은 그렇게 나타났습니다.
혹시 우리도 어려운 것만 대단하게 보지는 않나요?
너무 쉬운 것은 진리 같지 않다거나
가치가 없어 보이지 않나요?

교만은 놀랍게도 겸손의 갑옷 뒤에도 숨어 있을 수 있습니다.
우리가 자신을 자랑할 수 있는 것이 과연 있을까요?

나아만은 이스라엘의 요단강에서 씻으라는 말에
자존심이 상했습니다.
'요단강에서 씻으라니, 나 같은 사람에게 감히!'
권력적인 교만이 나타난 것이지요.
요단강에서 씻으라는 엘리사의 처방은
자신의 나라 아람의 '황금의 강'들을 무시하는 처사라는
생각도 들게 해서 그는 더욱 화가 났습니다.
자기가 소속된 집단을 자랑하는
집단적 교만도 튀어나온 겁니다.

나아만의 교만은 자신이 나병환자라는 것을
순간 잊게 했습니다.
자신은 긍휼히 여김을 받아야 하는 자임을 잊고 있었지요.
낫고자 할 때는 그 선택권이
자신에게 있지 않다는 사실을
그는 모르고 있었습니다.
그의 교만이 선지자의 자비를 등지게 하고
구원을 망치게 할 것만 같군요.
다행히 나아만에게는 충성스러운 종들이 있었습니다.
그들은 나아만을 사랑과 존경으로
"내 아버지여!"라고 불렀습니다.

몸도 마음도 상처투성이가 된 나아만,
자신의 교만이 꺾여 더욱 분노하고 있는 나아만을 감싸 안듯
간곡하게 선지자의 말을 따르기를 간청했습니다.

나아만은 교만과 순종 중에서 순종을 택하기로 했습니다.
그는 종들 앞에서 수치스러운 자신을 드러내야 했습니다.
그는 요단강에 들어가기 전에 썩어가는 자신을 보았습니다.
인격과 격식과 예의에 길들여진, 존경받던 몸이었습니다.
그 자신도 그렇게 알고 있었습니다.
그러나 자신의 교만이 마음을 썩게 하고 있음은
알지 못했습니다.
썩고 있는 흉한 자아를 보고서야
드러나지 않던 자신의 죄를 보게 되었습니다.

순종은 자신의 교만을 인정하는 믿음의 고백입니다.
그는 교만의 갑옷을 벗고 요단강에 몸을 담갔습니다.
믿음과 순종이 겸손의 증거로 나타났습니다.
썩어가던 살이 어린아이의 살같이 부드럽고 깨끗해졌습니다.
거듭 난 그는 엘리사 앞에 돌아와 이렇게 고백했습니다,
"내가 이제 이스라엘 외에는
온 천하에 신이 없는 줄 아나이다."

마지막까지 남아 있던 나아만의 영적 교만이 떠나갔습니다.

우리에게 남겨진 교만은 없을까요?
교만은 놀랍게도 겸손의 갑옷 뒤에도
숨어 있을 수 있습니다.
우리가 자신을 자랑할 수 있는 것이 과연 있을까요?
겸손까지도 위로부터 주어지는 것을요.

#21

가식을 벗는 선택

가면 속의 얼굴

'페르소나'란 말을 들어보셨나요?

'가면'이라는 의미의 말이지요.

"사람은 누구나 가면을 쓰고 산다"라고

심리학자 칼 융이 말했습니다.

사실 이 말이 원래부터 나쁜 의미는 아니었습니다.

배우가 자기 배역에 맞는 역할의 가면을 쓰듯

자기의 삶에 맞는 역할의 얼굴을 의미하기도 하니까요.

우리가 부모라는 가면을 쓰기도 하고

자식이라는 가면을 쓸 수도 있다는 것이지요.

그런데 요즘은 이 페르소나가 다른 어감으로 다가옵니다.

진실의 얼굴을 가리는 역할을 하게 된 겁니다.

가면으로 진정한 아름다움을
죽인 사람의 이야기가 있습니다.
그는 누구보다도 아름다운 사람이었습니다.
발바닥부터 정수리까지 흠이 없는 사람이었습니다.
사람들은 그의 아름다움을 흠모했습니다.
치렁치렁하고 숱이 많은 그의 머리카락은
아름다움의 극치였고
그의 자랑이었습니다.
그의 이름 '압살롬'은 '평화로운 아버지'라는 뜻이었습니다.
압살롬의 아버지 다윗은
아름다운 외모를 가진 셋째 아들에게
'평화로운 아버지'라는 이름이 걸맞다고
생각했던 것 같습니다.

그러나 압살롬의 아름다운 외모 속에 감추어져 있던
피를 뿌리는 야심과 기만이 드러나는 사건이 일어났습니다.
다윗 왕의 장남 암논이 이복누이 다말을 겁탈했습니다.
다윗은 왕의 후계자인 암논을 공의로 심판하지 않고
죄를 은폐했습니다.

다말의 친오빠인 압살롬은 분노했고
스스로 심판자가 되기로 작정했습니다.
결국 압살롬은 암논을 살해했고,
외조부의 집으로 추방당했습니다.
그가 다시 궁으로 돌아왔을 때
그는 왕이 되기로 작정했습니다.

압살롬은 먼저 백성의 마음을 훔치기로 했습니다.
그는 자신을 돋보이게 하기 위해서
말과 병거와 호위병 오십 명을
장엄하고 화려하게 앞세웠습니다.
사람을 현혹하려면 '어떻게 보이느냐'가
중요하다고 생각한 거지요.
가식은 사람들의 평판과 기대에 민감하게 반응할 줄 압니다.
그는 아름다운 얼굴에 미소를 띠고
거짓된 통치자를 자청했습니다.
마치 '평화로운 아버지'처럼 자비와 사랑의 가면을 썼습니다.
그는 자신의 목적을 위해 진실과 가식 중에서
가식을 선택한 겁니다.

압살롬의 외형적인 아름다움은

가식된 위장에 이용되기에 충분했지요.
그가 아름다운 손을 펴서 백성을 붙들고 입을 맞추면
백성은 자신의 마음이 도둑맞는 줄도 모르고
그의 추종자가 되었지요.
백성은 교만과 우월의식을 감춘
그의 과대포장을 과대평가했습니다.
드디어 압살롬은 백성의 마음을 훔쳤고
반란을 일으켰습니다.
아버지 다윗 왕을 폐하고
아들인 자신이 왕이 되려는 반역이었습니다.

그는 아버지 다윗의 사랑을 믿지 못했습니다.
가식으로 사는 사람은
다른 사람들도 가식으로 살아간다고 믿습니다.
그러기에 다른 사람을 믿지 못하지요.

압살롬이 화려한 말과 병거를 타고 쳐들어올 때
다윗은 죄수처럼 걸어서 아들을 피했습니다.
다윗은 수건으로 머리를 가리고 맨발로 슬피 울며
피난길에 올랐습니다.
다윗은 전혀 자신을 꾸미지 않았고

자신을 장식하고 있던 모든 것들을
슬픔 앞에 겸손히 벗어버렸습니다.
밧세바를 취하고 우리아를 죽인
자신의 죄악에 대한 징계로 받아들인 것입니다.
그는 하나님의 선하심과 긍휼하심에 자신을 맡겼습니다.
압살롬은 왕의 자리를 빼앗기 위해
거짓된 기만을 선택했고
다윗은 왕의 자리를 지키기 위해
진실한 겸손을 선택했습니다.

백성의 선택도 둘로 나뉘었습니다.
가식에 마음이 빼앗긴 자들과
진실한 겸손을 지키려는 자들로 말입니다.
가식을 선택한 자들은
슬픈 자에게 돌과 저주를 던졌고,
진실한 겸손을 따르는 자들은
슬픈 자와 함께 울며 길을 걸었지요.
두 무리 중 누구를 선택하실 것인가에 대한
하나님의 선택은
함께 우시며 함께 길을 걸으시는 것이었습니다.
가식은 '하나님 앞에서'라는 의식을 갖지 않고 사는 것이지요.

'하나님이 어떻게 보시는가?'를 무시하고
'사람이 어떻게 보는가?'에 초점을 두고
자신을 꾸미는 겁니다.
하나님의 소리보다 사람의 소리에 더 민감한 거지요.
가식은 사람의 영광을 구합니다.

우리는 어떻습니까?
내 머리카락 수조차 아시는 하나님 앞에서까지
가식의 가면을 쓰기도 하지 않습니까?
하나님 앞에 드리는 기도조차
아름다운 말로 꾸미지 않습니까?
십자가의 보혈을 말하지 않는 우리의 언변은 또 어떠합니까?
앞과 뒤가 다른 가면을 쓰고
천연덕스럽게 하나님 전으로 나아가는 우리의 발은
또 어떠합니까?
우리는 회개 없는 눈물과
들을 수 없이 막힌 귀를 가진 가면을 쓰고
그분 앞에 거룩한 척 서 있기도 하지요.
어떻게 하면 좋을까요?
'성도'라는 거룩한 가면 뒤의 우리의 민낯을….
하나님을 만홀히 여긴 압살롬의 최후는

가식으로 사는 사람은

다른 사람들도 가식으로 살아간다고 믿습니다.

그러기에 다른 사람을 믿지 못하지요.

가식하는 우리에게 어떤 의미일까요?

전쟁 중에 압살롬은 다윗의 부하들과 맞닥뜨렸고,
그는 무성한 상수리나무 밑을 필사적으로 달렸습니다.
그런데 그의 자랑이었던 아름다운 머리카락이
나무에 걸렸습니다.
사람들의 마음을 훔쳤던 그 아름다운 머리카락 말입니다.
그가 탔던 노새는 아래로 빠져나갔고
그는 매달렸습니다.
자랑스러워했던 머리카락에 매인 그는
꼼짝할 수가 없었습니다.
그의 머리카락은 왕 같은 자태의 상징이었고
아름다운 용모는 하늘로부터 주어진 선물이었지요.
그는 그것을 가식의 도구로 오용하여 욕되게 한 죗값으로
아름다운 머리카락이 나무에 휘감긴 채
창에 심장이 찔렸습니다.

그의 아름다웠던 몸은 구덩이에 던져졌고
그 위에는 돌무더기가 쌓였습니다.
가식으로 얻는 성공과 명예와 자랑이
파놓은 구덩이에 자신을 던져넣을 수 있다는 것을,

가식이 진정한 자아를 잃게 한다는 것을,

가식이 진정한 자신의 아름다움을

돌무덤에 묻을 수 있다는 것을

압살롬이 알았다면

가식의 가면을 선택하지는 않았을 것 같습니다.

아름다운 압살롬을 애도하기 전에

가식의 가면을 쓴 우리 자신을 먼저 애도해야 하지 않을까요?

#22

갈등에 관한 선택

서로 얽힌 덩굴같이

삶 속에서 피하고 싶은 이것,

직장에서 그 사람과 부딪히고 싶지 않아

출근하는 발걸음을 무겁게 하는 것,

집안 식구끼리도 그릇이 부딪히는 날카로운 소리와

방문을 쿵 소리 나게 닫아 걸게 하는 이것,

서로 반대 방향으로 감아 올라가는

칡덩굴과 등나무 덩굴처럼

함께 있으면 서로 얽혀 풀기 힘든 이것,

내 속에서도 서로 다른 마음의 소리로 싸우는 이것,

나를 고민하게 하고 에너지를 빼앗아가는 이것,

우리가 피하고 싶은 이것은

바로 '갈등'입니다.

'선택' 전에 우리 앞에 던져지는

수수께끼 같은 것이 갈등입니다.

우리의 삶 자체가 갈등의 연속일 수 있지요.

우리는 일상생활의 작은 문젯거리에서부터 갈등합니다.

둘 다 좋은 것 중에서 하나를 선택하면

다른 하나는 버려야 하는 '접근 갈등'도 하고,

둘 다 선택하고 싶지 않지만

하나는 꼭 선택해야 하는 '회피 갈등'도 하고,

긍정적 가치와 부정적 가치를 동시에 가지고 있을 때도

선택을 해야 하는 '접근 회피 갈등'도 하면서

그로 인해 '스트레스를 받아 못 살겠다' 하면서도 살아갑니다.

다투기 싫다고 부인하거나 도피하면서,

귀찮아 죽겠다면서,

수용하거나 타협하거나 화해하면서,

협상을 중재하면서, 대화로 풀어가면서,

그렇게 살아가며 갈등을 풀어가려 하지요.

혹시 신앙생활을 하면 갈등이 없을 것이라는

기대를 하고 있지는 않나요?

하지만 신앙생활 전보다
더 많이 갈등할 수도 있지 않을까요?
신앙이란 타협이나 양보할 수 없는
가치를 갖고 있기 때문이지요.
우리의 가정은 평안하신가요?
아버지와 딸이 어머니와 아들이 며느리가 시어머니와
불 같은 갈등을 겪고 있지는 않은지요?
교회에서의 갈등은 없나요?
초대교회에서도 속된 음식을 먹느냐 마느냐?
절기를 지키느냐 안 지키느냐?
이런 갈등으로 서로에 대해 비판하며 시끄러웠거든요.

이에 대해 해결책을 제시한 사람이 있었습니다.
그는 내적 갈등과 집단 간의 갈등을
철저히 겪은 사람이었지요.
그는 열정적인 유대교 신봉자였습니다.
첫 순교자 스데반이 죽임 당함을
마땅히 여기던 사람이었지요.
위협과 살기가 등등하여 예수 믿는 사람들을 죽이려고
다메섹으로 가던 사람이었습니다.
그 길에서

"사울아 사울아, 네가 어찌하여 나를 박해하느냐"
예수님의 음성을 듣고 갈등할 여지도 없이
신앙을 선택해야 했던 사람이었습니다.
갈등이 없었던 선택은
믿음과 고난으로 견고해지는 과정을 거쳐야 했지요.

유대인들은 그를 갈등의 상황으로 몰고 갔습니다.
그 갈등으로 인해 서른아홉 대의 매를 다섯 번 맞았고,
태장에 맞고, 돌로 맞고, 세 번 파선했고,
감옥에 갇히고, 죽음의 고비를 수도 없이 겪어야 했지요.
기독교인들과도 갈등이 있었습니다.
1차 선교 여행 때의 좋은 동역자였던 바나바와
2차 선교 여행에서는 마가의 문제로
갈등을 겪고 갈라서기도 했습니다.
바울파, 베드로파, 아볼로파 간의 갈등도 겪어야 했지요.
바울은 자기 내면의 갈등도 겪어야 했습니다.
그는 자신 속에서 하나님의 법과 죄의 법이 싸운다고 했지요.
그는 "오호라 나는 곤고한 사람이로다"라고 개탄했습니다.
우리도 때로 내 속의 갈등으로
'나는 곤고한 사람이다'라고 한탄하고 있지는 않습니까?

서로 나와 같아지고 나처럼 살라고 하는 데서 갈등이 일어난다면
창조의 다양성을 무시하는 것 아닐까요?

우리는 새끼줄처럼 꼬인 갈등을 풀며 살고 싶어 합니다.
갈등에 얽혀 있을 때 어떻게 푸시나요?
운동으로 땀을 뻘뻘 흘리면서 그 일을 잊으려 하나요?
술에 취해 비틀거리며 그 문제에서 벗어나려 하나요?
수다를 떨고 쇼핑을 하면서 스트레스를 풀려 하나요?
게임을 하거나 영화를 보면 어떻습니까?
영화 속 장면처럼 분노의 칫솔질을 할 수도 있고,
죄 없는 밥을 꾸역꾸역 먹어 치울 수도 있습니다.
갈등의 문제는 일단 접고
그 일로 인한 마음속의 괴로운 감정부터 줄이려 한다면
'정서 중심의 대처'를 하고 있는 거지요.
이 방법은 '자기기만'에 주의해야 할 것 같습니다.

입시 공부하는 학생처럼 갈등 문제를 풀려고
갈등 상황을 목록으로 정리해서 기록하기도 하고
'어떤 방법으로 이 갈등을 풀 것인가?'
대안적 해결책도 궁리해보고
여러 가지 대안 중에서
하나의 대안을 선택하고 행동으로 실천한다면
'문제 중심의 대처'를 하고 있는 것입니다.
우리는 어떤 방법을 흔히 쓸까요?

늘 갈등 상황 속에 있었던 바울은
갈등을 극복하는 방법을 터득한 것 같습니다.
"그런즉 우리가 다시는 서로 비판하지 말고
도리어 부딪칠 것이나 거칠 것을 형제 앞에
두지 아니하도록 주의하라."
우리는 갈등 속에 있는 '나'를 정말 못 견뎌 하면서도
스스로 갈등을 만들고 있다는
생각을 하지 못하는 것은 아닐까요?
우리가 갈등 상황을 만든다고 생각하는 그 사람이
사실은 내가 놓은 부딪칠 것이나 거칠 것에 걸려 넘어져 있고
그 사람 역시 내 앞에 부딪칠 것이나 거칠 것을 놓아
칡덩굴과 등나무 덩굴처럼 서로 얽혀 버린 형상의 갈등이
있는 것은 아닐까요?

칡덩굴처럼 왼쪽으로만 오르는 것이 옳다는 사람과
등나무 덩굴처럼 오른쪽으로만 오르는 것이 옳다는 사람이
서로 나와 같아지고 나처럼 살라고 하는 데서
갈등이 일어난다면
창조의 다양성을 무시하는 것 아닐까요?
우리에게는 서로 획일성을 요구할 권리가 없습니다.
바울은 "믿음이 연약한 자를 너희가 받으라"라고 했습니다.

우리가 누군가의 앞에

부딪칠 것이나 거칠 것을 놓느라 쏟는 에너지를 걷어버리고

이제는 내 주변의 사람들을 받아들일

준비를 해야 할 것 같습니다.

우리의 마음에 '샬롬'이 넘치도록.

#23

최악의 비겁한 선택

소리가 이긴 그 뜰

인생의 끝자락에서 후회할 것이 있다면 그건 무엇일까요?

'이렇게 할 걸 그랬지.'

'저렇게 했어야 했는데.'

'그건 정말 잘못된 결정이었어.'

'다시 되돌리고 싶어.'

결국 잘못된 선택의 문제가 아닐까요?

선택의 시간은 짧지만

그 결과는 평생을 그림자처럼 따라다닐 수도 있지요.

그러나 다행인 것은

선택을 바꿀 기회가 주어진다는 것입니다.

대부분 그 기회를 놓쳐버리곤 하지만 말입니다.

누구나 후회 없는 선택을 하고 싶을 것입니다.
그러나 선택은 그리 만만한 것이 아닙니다.
후회 없는 선택을 방해하는 것들이
장애물 경기의 허들처럼 우리 앞에 놓여 있기 때문이지요.
그 허들에 걸려
죽어서도 욕된 이름으로 불리는 사람이 있습니다.

자신의 뜰에 선 예수가 죄가 없다는 것을
그는 알고 있었습니다.
그러나 로마 총독 빌라도가 진리를 선택하기에는
놓치고 싶지 않은 것들이 너무 많았지요.
그는 유대 총독의 자리를
무난히 십여 년 동안을 지켜왔습니다.
로마에게 유대는 가장 골치 아픈 곳이었습니다.
그런 대로 유능했던 그가 해야 했던 일은
유대인들의 민란의 소리를 막는 것이었습니다.
소리가 커지면 그는 자신의 자리를 지킬 수가 없었습니다.
그가 가장 두려워한 것은 무리의 소리였습니다.

그런데 무리가 소리를 질렀습니다.
민중을 선동해
로마에 반란을 일으켜 유대인의 왕이 되려 했다는 죄목으로
예수를 끌고 온 무리는
증오에 찬 거짓 고발로 소리를 높였습니다.
빌라도는 예수의 변명을 듣고자 했습니다.
무리의 소리에 반박해보라고 했습니다.
그러나 예수는 아무 소리도 내지 않았습니다.
마치 '도수장으로 끌려가는 어린 양과
털 깎는 자 앞에서 잠잠한 양같이' 소리를 내지 않았습니다.

무리는 일제히 소리를 질렀습니다.
"십자가에 못 박아라!"
"십자가에 못 박아라!"
빌라도는 소리를 잠재우기 위해
무리와 타협하기로 했습니다.
진리는 타협할 수 없는 자신의 선택이어야 한다는 것을
그는 피해가려 했던 것이지요.
명절에 누구를 놓아줄 지 선택하라고
무리에게 선택을 넘겼습니다.
살인자 바라바냐, 유대인의 왕 예수냐?

소리치는 무리는 예수를 버리고 바라바를 선택했지요.
그들은 자기들이 무엇을 하고 있는지 알지 못했습니다.

빌라도의 아내가 급히 사람을 보냈습니다.
"저 옳은 사람에게 아무 상관도 하지 마옵소서.
오늘 꿈에 내가 그 사람으로 인하여 애를 많이 태웠나이다."
빌라도는 무리의 선택보다 가까이 있는 한 사람의 선택이
진실할 수도 있다는 것에 유념했어야 했습니다.
빌라도는 선택을 바꿀 기회를 놓치고 있음을 알지 못했지요.

무리는 계속 소리를 지르고 있었습니다.
"이 사람을 놓으면 가이사의 충신이 아닙니다.
무릇 자기를 왕이라 하는 자는 가이사에 반역하는 것입니다."
무리의 선동자인 대제사장들과 장로들은
'하나님 한 분 외에는 왕이 없다'라는
신앙의 신봉자들이었지요.
그러나 그들은 지금 빌라도의 뜰에서
'가이사 외에는 우리에게 왕이 없다'라고 말하고 있습니다.
예수님을 십자가에 못 박기 위해
자신들의 종교적 신념까지 버리는 선택을 했습니다.
그것은 자신들의 하나님을 배반하는 선택이었지요.

결국 무리의 소리가 이겼습니다.
빌라도는 무리의 소리에 만족을 주려는 선택을 했습니다.
그러고는 무리 앞에서 손을 씻었습니다.
"이 사람의 피에 대하여 나는 무죄하니 너희가 당하라."
선택의 결과가 선택의 순간보다 무섭다는 것을
그는 알지 못했습니다.
그것은 손을 씻는 행위로 끝날 일이 아니었습니다.
자신의 선택이 대대로 최악의 선택으로 불릴 것임을
그가 알 리 없었지요.

지금 우리도 빌라도의 뜰에 서 있는 것은 아닐까요?
십자가에 예수를 못 박으라고 소리치는 무리에 휩쓸려
거기 서 있는 것은 아닐까요?
빌라도가 되어
무리의 소리를 두려워하고 있는 것은 아닐까요?
빌라도의 뜰에서 손을 씻고 있지는 않은가요?
우리는 자신의 신념을 지키기 위해
신앙의 본질을 십자가에 못 박고 있는 것은 아닙니까?
세상 것들을 지키기 위해
무리와 타협하고 있는 것은 아닐까요?
무리는 오늘도 예수를 십자가에 못 박으라고

누구나 후회 없는 선택을 하고 싶을 것입니다.
그러나 선택은 그리 만만한 것이 아닙니다.

소리를 지르고 있습니다.

그 누구도 피할 수 없는 것이 죽음입니다.
우리의 선택은 죽음 이전에만 유효합니다.
죽음과 함께 우리에게 주어졌던 선택권은 회수됩니다.
우리는 누구나 빌라도의 뜰이 아닌
하나님의 뜰에 서게 될 것입니다.
그곳에서 우리의 선택은 심판을 받게 될 것입니다.
어떤 무리도 그 앞에서는 소리를 낼 수 없겠지요.
죽음의 시간이 가까이 오기 전에
우리가 사용했던 선택의 티켓을
점검해보아야 할 것 같습니다.
그곳에 부끄러운 선택이 새겨져 있지는 않은지 말입니다.

선하신 하나님의 선택

하나님의 제비뽑기

어린 시절 동네 아이들과 놀이를 하면서

편 가르기를 할 때나 무엇을 해야 할 때

동전을 높이 던지거나

주사위를 던지거나

제비뽑기를 했던 추억을 우리는 갖고 있습니다.

어려서부터 선택이 힘들다는 것을

본능적으로 알았던 것 같습니다.

선택이 힘든 것은 결과를 알 수 없다는 것이지요.

앞면이 나올지, 뒷면이 나올지,

어떤 수의 숫자가 나올지,

제비가 누구에게 뽑힐지 모른다는 것입니다.
그것이 사람에게 주어진 선택의 한계이지요.

숨겨진 비밀이 있기 때문에 선택은 때로 스릴이 있어
아이들을 손뼉치고 환호성 지르게도 하고
상을 찡그리고 울게도 하는 것이 아닐까요?
어른들은 좀 더 심각하게 제비뽑기를 합니다.
선택의 한계가 인간의 한계라는 것을 알기 때문이지요.
과거에도 알 수 없었고, 현재에도 미래에도 알 수 없는 것,
숨겨진 삶의 비밀이 선택이라는 것을
짐작하고 있기 때문이지요.

이스라엘 백성은 선택해야 할 중요한 일을
제비뽑기로 정했습니다.
그것은 하나님께서 지시하신 선택의 방법이었습니다.
에덴동산에서 첫 사람 아담의 잘못된 선택으로
선택의 혼돈을 느끼는 사람들을 위해
하나님께서 지정해주신 은혜였지요.
제비뽑기는 제사장의 중요한 역할 중 하나였습니다.
제사장은 아름다운 옷을 입었습니다.
제사장의 속옷은 가는 베실로 짜여 있었고,

두 번째로 입은 옷은 에봇 받침 청색 옷이었습니다.
세 번째 입는 옷은 금실, 청색 실, 자색 실, 홍색 실,
가늘게 꼰 베실로 짜인 끈으로 매인 아름다운 에봇이었습니다.
가슴에는 판결 흉패를 붙였습니다.
판결 흉패에는 열두 지파의 이름이 새겨진 보석들이 달려
이스라엘을 통하여
하나님의 임재가 빛날 것임을 상징했지요.
판결 흉패 안쪽 주머니에 '우림'과 '둠밈'이 들어 있었는데
이것이 하나님의 제비뽑기 도구였습니다.

이스라엘은 '우림'과 '둠밈'으로
하나님의 선택을 알았습니다.
'그렇다', '아니다' 앞에서 긴장하며
하나님의 선택을 기다렸습니다.
우리의 삶 속에서도 이 단순한 말들이
우리를 긴장시키지 않습니까?
상사 앞에 결재판을 들고 섰을 때
결혼할 사람을 부모에게 선보일 때
작은 밑천으로 장사를 시작하려 할 때
유혹하는 자가 우리에게 눈웃음을 칠 때
여기냐 저기냐 서로 말다툼을 할 때

수많은 선택의 갈림길 앞에서 우리는
'그렇다', '아니다'의 명확한 대답을 듣고 싶어 합니다.
그래서 인생은 때때로 답답하기도 한 거지요.
선택의 갈림길에서 우리의 가슴에서 꺼내드는
우림과 둠밈의 제비는 무엇입니까?

다윗은 답답할 때마다 우림과 둠밈 앞에 섰습니다.
자신을 죽이려는 사울의 음모 앞에서
거처를 떠나 엔게디로 피할 것인지 말 것인지를 물을 때도
아멜렉에게 침략당해 백성의 자녀들이 포로로 잡혀간
절망과 좌절의 위급한 상황에서도
추격하면 자녀들을 찾아올 수 있을지 없을지를
하나님께 물었지요.
하나님은 기꺼이 대답하셨습니다.
이스라엘의 길은 하나님에 의해 결정된다는 사실을
다윗은 믿었고 순종했습니다.

하나님의 응답을 거절당한 사람도 있었습니다.
이스라엘이 블레셋과 전쟁할 때
제단을 쌓은 적이 없었던 사울이
처음으로 제단을 쌓았습니다.

하나님의 제비뽑기는
어두움에서 빛으로의 선택이고 완전한 선택입니다.

그는 밤에 블레셋을 추격해야 할 상황에서
하나님께 묻지 않고 자신의 생각에 좋은 대로 하려 했습니다.
블레셋을 추격해야 하는지 말아야 하는지 물었지만
하나님은 대답하지 않으셨지요.
그 후 수넴에 진을 친
거대한 블레셋 군대에 놀란 사울이
떨며 하나님께 물었지만
그때도 하나님은
꿈으로도, 우림으로도, 선지자로도 대답하지 않으셨지요.
두려움에 가득 찬 사울은 신접한 여인까지 찾아갔습니다.

우리는 선택해야 할 문제 앞에서 누구를 찾습니까?
내 생각에 좋은 것인가요?
신접한 여인인가요?
유투브의 '좋아요', '싫어요'의 개수인가요?
넘치는 정보인가요?
아니면 하나님의 말씀인가요?

제사장에게 제한되어 있던 우림과 둠밈이
성소의 휘장을 찢은 그리스도의 피로
이제 우리 모두에게 말씀으로 주어졌습니다.

하나님의 말씀은 인생의 길잡이로 우리에게 주어졌습니다.
"주의 말씀은 내 발에 등이요 내 길에 빛이니이다."
우림은 '빛'이라는 뜻이고,
둠밈은 '완전'이라는 뜻입니다.
하나님의 제비뽑기는
어두움에서 빛으로의 선택이고 완전한 선택이라는 것입니다.
선택은 우리가 얼마나 어두움을 선호하는지
우리가 얼마나 불완전한 존재인지 알게 합니다.
고라 자손은 우리에게 넌지시 일러줍니다.
"내가 하나님 여호와께서 하실 말씀을 들으리니
무릇 그의 백성, 그의 성도들에게 화평을 말씀하실 것이라.
그들은 다시 어리석은 데로 돌아가지 말지로다."

우리가 무엇을 선택할 때 명심해야 할 것이 있습니다.
"제비는 사람이 뽑으나
모든 일을 작정하기는 여호와께 있느니라."
선택은 우리가 한다 해도
일을 작정하시는 분은 하나님이시라는 것입니다.
선택의 완성은 하나님께 있음을 아는 것이
선택하는 자의 겸손이 아닐까요?

에필로그

우리에게
선택의 축복이 있기를

우리는 매일 무언가를 선택하며 삽니다. 무엇을 먹을까, 무엇을 입을까 하는 가장 기본적인 선택에서부터 목숨을 살리고 죽이는 선택에 이르기까지 크고 작은 선택들을 하며 살아갑니다. 그러나 선택의 중요성에 대해서는 그리 민감하지 못합니다. 삶이 선택에 따라 달라진다는 것이 중요함에도 그에 예민하지 못합니다. 내 삶의 선택은 결국 내가 해야 하고 선택에 대한 책임도 스스로 져야 한다는 것을 그리 심각하게 생각하지 않는 것 같습니다.

선택은 당신에게 쥐어진 열쇠이기도 합니다. 삶의 물음표가 붙은 여러 문들 앞에서 어느 문을 열 것인지 선택할 수 있는 것은 우리에게 주어진 권리이기도 합니다. 하지만 자신의 선택에 대한 결과는 비밀에 붙여집니다. 봉투를 뜯기 전에는 내용을 알 수 없는 편지처럼 말입니다.

이것이 사람의 한계입니다. 선악과를 따 먹은 사람에게 내려진 벌인지도 모릅니다. 인생에게 주어진 시간이 끝날 때쯤에야 사람들은 자신의 선택이 어떤 결과를 가져왔는지 깨닫게 됩니다. 그래서 '이렇게 할 걸, 저렇게 할 걸' 하고 자신의 선택을 후회하기도 합니다.

나는 이 책에서 성경 속의 인물들을 통해 선택에 대한 여러 가지 이야기들을 나누고 싶었습니다. 잘한 선택과 잘못한 선택으로 인생의 길이 갈린 사람들의 이야기들 말입니다. 그 모든 이야기들은 사실, 우리가 삶 속에서 했던 선택의 이야기이기도 합니다.

우리는 선택으로 인해 울기도 하고 웃기도 합니다. 얼마 전에 '나쁜 기억을 지우는 효소'가 발견되었다는 이야기를 들었습니다. 그건 잘못했던 선택을 지우겠다는 것 아닐까요? 순간 '나라면 어떻게 할까?' 생각해보았습니다.

결론은, 지울 수 없다는 것이었습니다. 만약 내 삶이 한 폭의 피륙이라면 내가 선택했던 좋은 선택과 좋지 않았던 선택이 씨줄과 날줄로 엮여 내 삶의 무늬를 짜온 것 아니겠습니까? 지우고 싶은 선택이라고 빼버린다면 내 삶이 너무 무미건조해질 것만 같았습니다.

사실 좋은 선택과 나쁜 선택의 의미를 어떤 기준으로 판단할 수 있을까요? 지극히 주관적인 판단이 아니겠습니까? 나에게는 좋지 않은 선택이었다 해도 다른 사람에게는 좋은 선택이 될 수도 있습니다. 눈물도 있고 웃음도 있고 상처도 있겠지만, 그런 선택들을 통해 우리는 자신의 나약함을 알아가기도 하고 함께 웃을 수 있는 선택의 지혜도 배우는 게 아닐까요?

우리의 선택이 복되고 지혜로우려면, 모든 것을 아시며 우리의 인도자 되시는 성령님의 도우심을 간절히 구해야 할 것 같습니다. 우리의 삶이 아름다운 선택으로 더욱 복된 삶이 되길 기도합니다.

책을 마무리하며 감사의 인사를 전하고 싶은 분들을 생각합니다. 나의 모든 일을 미리 계획하시고 이끌어가시는 하나님, 감사합니다. 이번에도《삶을 디자인하는 선택》의 집필에 그리하셨습니다. 감사합니다.

내 삶에 있어 정말 '좋은 사람' 여진구 대표님과 규장 가족, 늘 기도해주시는 선한교회 목사님과 성도들, 그리고 사랑하는 가족에게 감사를 드립니다. 또한 책이 나올 때마다 아낌없는 조언을 해주는 큰 동생 오재훈 집사에게도 감사를 전합니다.

샬롬!

삶을 디자인하는 선택

초판 1쇄 발행 2019년 6월 27일

지은이 오인숙
펴낸이 여진구
책임편집 이영주 김윤향
편집 최현수 안수경 김아진 권현아
책임디자인 마영애 노지현 조아라 조은혜
기획·홍보 김영하
마케팅 김상순 강성민 허병용
제작 조영석 정도봉
해외저작권 기은혜
마케팅지원 최영배 정나영
경영지원 김혜경 김경희

이슬비전도학교 최경식
303비전성경암송학교 박정숙
303비전장학회 & 303비전꿈나무장학회 여운학

펴낸곳 규장

주소 06770 서울시 서초구 매헌로 16길 20(양재2동) 규장선교센터
전화 02)578-0003 팩스 02)578-7332
이메일 kyujang0691@gmail.com
홈페이지 www.kyujang.com
페이스북 facebook.com/kyujangbook
인스타그램 instagram.com/kyujang_com
카카오스토리 story.kakao.com/kyujangbook
등록일 1978.8.14. 제1-22

책값 뒤표지에 있습니다.
ISBN 978-89-6097-346-6 03230

규 | 장 | 수 | 칙

1. 기도로 기획하고 기도로 제작한다.
2. 오직 그리스도의 성품을 사모하는 독자가 원하고 필요로 하는 책만을 출판한다.
3. 한 활자 한 문장에 온 정성을 쏟는다.
4. 성실과 정확을 생명으로 삼고 일한다.
5. 긍정적이며 적극적인 신앙과 신행일치에의 안내자의 사명을 다한다.
6. 충고와 조언을 항상 감사로 경청한다.
7. 지상목표는 문서선교에 있다.

하나님을 사랑하는 자 곧 그의 뜻대로 부르심을 입은 자들에게는 모든 것이 合力하여 善을 이루느니라(롬 8:28)

규장은 문서를 통해 복음전파와 신앙교육에 주력하는 국제적 출판사들의 협의체인 복음주의출판협회(E.C.P.A:Evangelical Christian Publishers Association)의 출판정신에 동참하는 회원(Associate Member)입니다.